Hermann Simon · Das Berliner Jüdische Museum

Hermann Simon

Das Berliner Jüdische Museum

in der Oranienburger Straße

Geschichte einer zerstörten Kulturstätte

HENTRICH & HENTRICH

Teetz 2000

Umschlag vorn:
Neue Synagoge Berlin, Oranienburger Straße 30.
Im Bild links neben der Synagoge, Oranienburger Straße 31,
befand sich das Berliner Jüdische Museum

Rücktitel
Schüler im Jüdischen Museum beim Betrachten des
Gemäldes von Samuel Hirszenberg „Sie wandern"

© 2000 Verlag Hentrich & Hentrich GbR,
    Ganzer Straße 10, 16866 Teetz

Satz: Typecraft, Berlin

Druck: Rauscher Druck und Medien OHG, Berlin

Lithos: Reprowerkstatt Rink, Berlin

Buchbinder: Buchbinderei Heinz Stein, Berlin

ISBN 3-933471-14-1
1. Auflage 2000
Printed in Germany

Inhalt

1. Joseph Budko:
Kaddisch (Nr. 4 der vom Museum herausgegebenen Ansichtskartenserie)

Einleitung

Es muß etwa im Jahr 1979 gewesen sein, als ich bei der Durchsicht des systematischen Katalogs der Berliner Stadtbibliothek auf ein unvollständiges Exemplar einer Broschüre von Karl Schwarz mit dem Titel „Führer durch das Jüdische Museum" stieß. Bei diesem Autor handelte es sich um den ersten Direktor des Berliner Jüdischen Museums; er hatte seine Publikation zur Eröffnung des Museums in der Oranienburger Straße 31 – unmittelbar neben der Neuen Synagoge gelegen – am 24. Januar 1933 vorgelegt.

Als ich die Arbeit von Schwarz fand, war ich Kustos am Münzkabinett der Staatlichen Museen zu Berlin. Daß es einst ein Jüdisches Museum gegeben hatte, faszinierte mich, und ich begann, alles erreichbare Material darüber zu sammeln, um vielleicht zum 50jährigen Jubiläum 1983 einen Aufsatz für das „Nachrichtenblatt der Jüdischen Gemeinde von Berlin und des Verbandes der Jüdischen Gemeinden in der DDR" zu schreiben.

Vera Bendt, damals Leiterin der Jüdischen Abteilung des Berlin Museums, die dieses Jubiläum mit einer Gedenkveranstaltung und der großen Ausstellung „Synagogen in Berlin" vorbereitete, erfuhr von meinen Forschungen. Wir trafen folgende Verabredung: Sollte es mir gelingen, zum Thema genug Material zusammenzubekommen, wollte ich zu diesem Jubiläum einen größeren Aufsatz, vielleicht sogar eine Broschüre schreiben, die sie veröffentlichen werde.

So kam es, daß, nachdem alle bürokratischen Hürden auf beiden Seiten der geteilten Stadt überwunden worden waren, ein Historiker aus dem damaligen Ostberlin die Festschrift für eine Veranstaltung im damaligen Westberlin schrieb. Es war dann doch mehr als eine Broschüre geworden.

Diese Arbeit war – und das kann man sich heute kaum noch vorstellen – im Ostteil der Stadt für Interessenten käuflich nicht zu erwerben. Daher entschloß sich der Union Verlag im Jahre 1988, die Studie in geringfügig veränderter Fassung als Buch erscheinen zu lassen.

Auf Wunsch des Verlegers Gerhard Hentrich von *Hentrich & Hentrich* legen wir noch einmal eine überarbeitete Ausgabe der Geschichte des Berliner Jüdischen Museums, des ersten modernen jüdischen Museums in Europa, vor.

Die damaligen Ausführungen konnten in einigen Punkten ergänzt werden, weil mich diese Institution der Berliner Jüdischen Gemeinde in den letzten Jahren immer wieder beschäftigt hat. Nach Erscheinen habe ich alle noch so kleinen Details gesammelt. Sie sind allerdings nicht alle in die vorliegende neue Ausgabe eingegangen, weil sie an dem seinerzeit entworfenen Gesamtbild nichts ändern.

Immer wieder beschäftigte ich mich mit dem Verbleib der Kunstwerke des Museums, aber auch hier gibt es wenig Neues. Verwiesen sei in diesem Zusammenhang auf die Ausführungen zur David-Statue von Arnold Zadikow, die sich im Eingangsbereich des Museums befand und im Jahre 1991 – möglicherweise ein zweiter Guß – in einer Ausstellung von Inka Bertz im Berliner Martin-Gropius-Bau zu sehen war.[1]

Auch die Ausstellung „Bilder aus dem Israel Museum", die die Jüdische Abteilung des Berlin Museums im September 1991 zeigen konnte, gehört in diesen Zusammenhang. Dabei handelte es sich um zehn Porträts berühmter Berliner Juden, die alle aus dem ehemaligen Bestand des Jüdischen Museums stammen.[2] Auf dem Wege der Restitution gelangten sie in den frühen 50er Jahren in die Bezalel-Sammlung in Jerusalem, aus der 1965 das Israel Museum hervorging.

Von besonderer Bedeutung ist die Tatsache, daß Max Liebermanns Selbstbildnis, das der Künstler dem Jüdischen Museum geschenkt hatte, inzwischen aufgetaucht ist. Ich hatte es für verschollen gehalten, aber es gehörte zu den nach Israel gekommenen Kunstwerken und gelangte in den Bestand des Israel Museums. Vollkommen unbemerkt von den Berliner Fachleuten wurde es auf einer Auktion der „Villa Grisebach" am 29. 11. 1991 zum Verkauf angeboten, aber von niemandem ersteigert, so daß es an den Einlieferer – einen Privatsammler aus Tel Aviv – zurückging.[3] Ein Jahr später erschien es im Katalog von Sotheby (Tel Aviv) und wurde dort versteigert.[4] Nachdem es in der Ausstellung des Centrum Judaicum „Was vom Leben übrig bleibt, sind Bilder und Geschichten" (1997) – einer Exposition, die die Liebermann-Schau des Jüdischen Museums von 1936 zu rekonstruieren versuchte – zu sehen war,[5] konnte es vom Centrum Judaicum erworben werden.

Als ich Ende der 70er Jahre begann, mich mit dem Jüdischen Museum zu beschäftigen, lebten noch einige wenige Zeugen der Ereignisse: Es war James Yaakov Rosenthal (1903–1997), der mir bei einem Besuch in Ostberlin im Sommer 1980 viel über das Jüdische Museum erzählte und mir empfahl, Kontakt zu Erna Stein-Blumenthal aufzunehmen, deren Adresse er, der alles über das ehemalige Berlin zu wissen schien, natürlich im Kopf hatte. Erna Stein, die nach ihrer Eheschließung Blumenthal hieß, war seit 1930 an der Kunstsammlung tätig und leitete, nachdem Karl Schwarz im April 1933 emigriert war, in den Jahren 1933– 1935 die Geschicke des Museums. Am 19. Juli 1980 schrieb sie mir: „Ich stehe Ihnen mit allen Unterlagen, die ich noch habe, zur Verfügung." Daraus entwickelte sich eine intensive Korrespondenz, ebenso mit der Witwe von Karl Schwarz.

Dankbar erinnere ich mich der Begegnung mit Erna Stein-Blumenthal am 29. Januar 1983 vor der Ruine der Synagoge in der Oranienburger Straße in Berlins Mitte, die damals Peripherie der Stadt war. Erna Stein erzählte mir vom einstigen Museum im Nebengebäude, von ihrem kollegialen Verhältnis zu Karl Schwarz und wie schwierig der Gelehrte Moritz Stern war, der Bibliothek und Kunstsammlung der Gemeinde leitete. Sie berichtete mir auch davon, daß das Museum seine Existenz eigentlich Georg Kareski zu verdanken habe, jenem umstrittenen Gemeindefunktionär.[6] Dies fand ich erst 1997 während der Vorbereitung unserer bereits erwähnten Liebermann-Ausstellung bestätigt: Chana C. Schütz machte mich auf einen von ihr im Archiv des Tel-Aviv-Museums entdeckten Brief von Schwarz an seinen „alten Freund" Kareski vom 20. Oktober 1935 aufmerksam. „Ein großer Briefschreiber sind Sie nie gewesen, dafür aber ein desto zuverlässigerer Tatenmensch", schreibt der ehemalige Direktor des Berliner Jüdischen Museums. Er bittet Kareski um Unterstützung für das Tel-Aviv-Museum, das er nach seiner Emigration aufbaut, und erinnert an Kareskis „alten Kunstenthusiasmus", den er „auch für uns etwas entfachen" will.

Erna Stein war von ihrem Besuch fünfzig Jahre nach der Eröffnung des Berliner Jüdischen Museums im geteilten Berlin sehr beeindruckt; er war der letzte große Höhepunkt ihres Lebens. Sie, die Anfang Juni 1983 verstarb, hat weder den Aufbau der Neuen Synagoge als Centrum Judaicum noch den Neubau des Jüdischen Museums Berlin erlebt. Zwei Institutionen, die sich – jede auf ihre Art – dem einstigen Jüdischen Museum, das sich in unmittelbarer Nähe unseres Hauses befand, verbunden fühlen.

Mich persönlich erfüllt es mit Stolz und Freude, nicht nur Chronist des einstigen Jüdischen Museum sein zu dürfen, sondern die Arbeit in vielen Punkten gemeinsam mit den Mitarbeitern der Stiftung „Neue Synagoge Berlin – Centrum Judaicum" weiterzuführen.

Berlin, im März 2000
Hermann Simon
Direktor der Stiftung
„Neue Synagoge Berlin – Centrum Judaicum"

2. Dr. Moritz Stern

Das Berliner Jüdische Museum

Die Geschichte der Berliner jüdischen Gemeinde, einer der bedeutendsten in Europa, ist bisher noch nicht geschrieben worden.[7] Eine solche Institutionsgeschichte wird gewiß noch lange ein Desideratum bleiben, da die Aufgabe die Möglichkeiten eines einzelnen übersteigt. Überdies ist viel Material verlorengegangen, der Rest über die ganze Welt verstreut.

Indem wir im folgenden die Geschichte des Berliner Jüdischen Museums und der ihm vorangegangenen Kunstsammlung untersuchen, wollen wir einen kleinen Beitrag zur Erforschung der Geschichte der jüdischen Einrichtungen in Berlin leisten. Es ist nicht auszuschließen, daß beim Nachzeichnen der Museumsgeschichte Lücken geblieben sein mögen. Dafür, daß trotz der Materialschwierigkeiten eine Darstellung zustande kommen konnte, ist der Hilfsbereitschaft einer Reihe von Institutionen und Privatpersonen, in erster Linie Thekla Schwarz, der Gattin des ersten Direktors des Museums, Karl Schwarz, Erna Stein-Blumenthal, seiner Nachfolgerin, und ferner Nicola Galliner zu danken.

Die Erforschung der Geschichte der jüdischen Kunst gehört zu den jüngeren Disziplinen, die die Judaistik umfaßt. Das gegen den Götzendienst gerichtete Bildverbot „Du sollst dir kein Bildnis machen und keinerlei Gestalt, weder von dem, was im Himmel oben, noch von dem, was auf Erden unten, oder im Wasser unter der Erde ist"[8], das zu allen Zeiten verletzt wurde, weil die Lust zum Gestalten größer war als die Neigung für die wörtliche Befolgung des Gebots, hat dazu geführt, die Leistungen der bildenden Kunst, zu denen auch die Schöpfungen des Kunsthandwerks zu rechnen sind, weitgehend totzuschweigen, die Erinnerung an sie zu verdrängen. Erst gegen Ende des vori-

3. Dr. Karl Schwarz im Museum (1933)

gen Jahrhunderts, als jüdisches Selbstbewußtsein und Interesse für die eigene Geschichte in neuen Formen erwachten, wurde das Augenmerk auf die Kunstschöpfungen aller Gattungen, die im Laufe der Jahrtausende entstanden waren, gelenkt. Hinzu kam die weitgehende Durchsetzung liberalerer Auffassungen, so daß einer Beschäftigung mit jüdischer Kunst nichts mehr im Wege stand. So entstand das Bedürfnis, das Erbe zu sammeln und zu sichten. Die Initiative dazu ging, wie das auch sonst nicht selten zu beobachten ist, nicht von Museen, sondern von Privatpersonen aus.

Als erster brachte ein französischer Sammler namens Isaac Strauss eine Sammlung altjüdischen Kultgeräts zusammen, von der im Jahre 1878 ein Katalog erschien.[9] Auf der Weltausstellung Paris 1878 wurde zum ersten Mal eine Sammlung jüdischer Zeremonialkunst öffentlich gezeigt; die Sammlung Strauss, die sich heute im Pariser Cluny-Museum befindet, war, wie Gutmann mitteilt, Bestandteil dieser Ausstellung.[10] Ein in demselben Jahr erschienener Aufsatz des ungarischen Gelehrten David Kaufmann, der gerade die Pariser Ausstellung gesehen hatte, trägt die Überschrift „Etwas von jüdischer Kunst". Dies ist, soweit wir wissen, die früheste Erwähnung des Begriffs „jüdische Kunst".[11]

1895 wurde in Wien die „Gesellschaft für Sammlung und Konservierung von Kunst und historischen Denkmälern des Judentums" gegründet; ihr folgte zwei Jahre später in Frankfurt am Main die „Gesellschaft zur Erforschung jüdischer Kunstdenkmäler", deren Gründung vom Direktor des Düsseldorfer Kunstgewerbemuseums, Heinrich Frauberger, wesentlich unterstützt wurde. Wichtiger als die „Ausstellung jüdischer Bauten und Kulturgegenstände", die die genannte Gesellschaft im Juli 1908 in Düsseldorf veranstaltete[12], ist für unseren Zusammenhang die Tatsache, daß wenige Monate vorher in Berlin eine „Ausstellung jüdischer Künstler" in der „Galerie für alte und neue Kunst" (Wilhelmstraße 45) stattfand. Sie ist darum von besonderer Bedeutung, weil durch sie in dieser Stadt die Aufmerksamkeit auf Kunstwerke von Juden gelenkt, das Interesse geweckt und auf diese Weise der Boden für die spätere Gründung eines jüdischen Museums bereitet wurde.

Angeregt durch die Londoner „Exhibition of Jewish Art and Antiquities" (1906), hatte sich der Berliner „Verein zur Förderung jüdischer Kunst", dessen Vorsitzender der bekannte Schauspieler Rudolf Schildkraut war, zu einer ähnlichen Veranstaltung entschlossen. Die Ausstellung, die einem wohltätigen Zweck diente – angehende jüdische Künstler, die mittellos waren, sollten finanziell unterstützt und auf diese Weise gefördert werden –, enthielt, wie der in zwei Auflagen erschienene Katalog ausweist[13], einige Werke, die uns im späteren Jüdischen Museum wiederbegegnen werden.[14] Gezeigt wurden sowohl Bilder (Ölgemälde, Aquarelle, Pastelle, Radierungen, Zeichnungen) als auch Skulpturen und schließlich in der historisch-kunstgewerblichen Abteilung neben jüdischen Altertümern und Kultgegenständen auch modernes jüdisches Kunstgewerbe.

Der Katalog enthält eine Liste der Spender, in der wir einige Namen der ausstellenden Künstler wiederfinden. Das Vorwort des Ausstellungskomitees bringt zum Ausdruck, „daß den Initiatoren der Idee, zu denen auch Männer nichtjüdischer Konfession gehörten, die Tendenz einer konfessionellen Separation völlig fremd war..."[15] Von jüdischen Künstlern wird gesprochen, nicht von jüdischer Kunst, wobei rassistische Gesichtspunkte abgelehnt werden. Als jüdische Künstler gelten den Veranstaltern diejenigen, die es nach ihrer Selbstauffassung sind. Nicht einbezogen werden Künstler, die „aus der angestammten Gemeinschaft ausgetreten sind oder ihr nicht beigerechnet zu werden wünschen"[16]. Damit ist der Personenkreis der Aussteller definiert und in bezug auf die Sujets keine Festlegung getroffen.

Der Begriff der jüdischen Kunst ist schillernd und läßt sich in verschiedener Weise präzisieren. Sollen darunter nur jüdische Sakralbauten, Kultgegenstände oder bildkünstleri-

4. Vorraum der Kunstsammlung zur Zeit der Eröffnung (1917)

sche Darstellungen jüdischer Sujets verstanden werden, gleichgültig, ob ihre Schöpfer Juden oder Nichtjuden waren? Oder begreift man als jüdische Kunst die wie immer gearteten Werke jüdischer Künstler, ohne zu berücksichtigen, ob thematisch ein Bezug auf das Judentum vorliegt, so daß beispielsweise eine von einem Juden gemalte dänische Landschaft in den Kontext der jüdischen Kunst gehörte? Wir wollen für diesen Zusammenhang nicht durch eine eigene Definition die Unschärfe des Begriffs beheben, sondern ihn im weitesten Umfang, der möglich ist, verstanden wissen, da dies der Konzeption des Jüdischen Museums adäquat ist. Über die Bestimmung des Gegenstandes der jüdischen Kunst ist wieder und wieder diskutiert worden. Hier sei auf die bereits zitierte Studie von Gutmann „Jüdische Kunst" verwiesen, da sie auch die ältere Literatur berücksichtigt.

Gerade die ernsthaftesten Sammler pflegten stets Wert darauf zu legen, daß ihre Sammlung für die Dauer geschlossen erhalten blieb. Diese Einstellung hatte auch der Dresdener Sammler Albert Wolf (1841–1907), der von Beruf Juwelier war. Jahrzehntelang hatte er Judaica zusammengebracht. Seine Sammlung, die er der Jüdischen Gemeinde Berlin als der größten in Deutschland im Februar 1905 vermachte, bildete den Grundstock der „Kunstsammlung", des späteren Berliner Jüdischen Museums.

Über Einzelheiten des Lebens von Albert Wolf wissen wir sehr wenig, auch hat sich kein Bild des Juweliers erhalten.[17]

Im Jerusalemer „Archiv für die Geschichte des Jüdischen Volkes" wird ein Brief von Salli Kirschstein verwahrt, der uns gewisse Informationen zu Albert Wolf liefert.[18] Kirschstein hat – wohl im Zusammenhang mit der Arbeit an seinem Buch über jüdische Graphiker[19] – versucht, biographische Angaben über den Dresdner Sammler zusammenzustellen. Aus diesem Grunde wandte er sich am 20. 3. 1916 an einen Herrn Marcus und bat ihn, auf einem vorbereiteten

Formular, eine Reihe von Fragen zu beantworten. Demnach wurde Albert Wolf am 16. 3. 1841 in Dresden als Sohn von Ludwig Wolf und seiner aus Postelberg in Böhmen stammenden Ehefrau Fanny geb. Bacher geboren. Er wuchs in einem jüdisch-traditionellen Elternhaus auf, „lernte Hebräisch und etwas Talmud". Albert Wolf war verheiratet; seine Frau, eine geborene Frenkel, stammte aus Nordhausen am Harz. Aus der Ehe gingen zwei Kinder, eine Tochter und ein Sohn, hervor.

Bereits Wolfs Vater betrieb ein Kunst-, Antiquitäten- und Juwelengeschäft in Dresden. Vermutlich dadurch und durch seinen eigenen Beruf angeregt, kam er auf den Gedanken, jüdische Altertümer zu suchen und zu sammeln. Wolf, der in Dresden als „Gemeinde-Verordneter und Synagogenvorstand" fungierte, „war stets begeisterter Jude, ohne orthodox zu sein".

Albert Wolf verstarb am 15./16. 2. 1907 in Dresden. Die von ihm jahrzehntelang zusammengebrachten Judaica vermachte er testamentarisch der Berliner Jüdischen Gemeinde. Offenbar sind sie bereits zu seinen Lebzeiten nach Berlin gekommen. Die „Allgemeine Zeitung des Judentums" hatte schon am 3. März 1905 berichtet: „Der große Umfang, den die Sammlung von Albert Wolf hat, die allein für sich schon ein ziemlich großes und bedeutendes Museum repräsentiert, erheischt dringend eine baldige und gründliche Lösung der Lokalfrage."[20]

Zwar hatte der Oberbibliothekar und Direktor der Bibliothek der Berliner Gemeinde, Moritz Stern (1864-1939), am Grabe Wolfs in Dresden 1907 feierlich für sich und seine Nachfolger gelobt, das „anvertraute Gut zu bewahren, es zu hegen und zu pflegen, damit es in immer erhöhtem Glanze für alle Zeiten erstrahle"[21], aber dennoch sollte es noch einmal zehn Jahre dauern, bis am 18. Februar 1917 die „Kunstsammlung der jüdischen Gemeinde zu Berlin (Wolf'sche Stiftung)", die in zwei Räumen, einem kleinen Vorraum und dem Hauptraum, im dritten Stock des ersten Verwaltungs-

5. *Hauptsaal der Kunstsammlung zur Zeit der Eröffnung (1917)*

gebäudes der Gemeinde (Oranienburger Straße 29) neben der Gemeindebibliothek untergebracht war, der Öffentlichkeit übergeben wurde. Warum dies erst nach einem Jahrzehnt geschah, „die Erbschaft blieb zunächst noch in Kisten verstaut"[22], kann heute nicht mehr festgestellt werden. Raummangel dürfte ein Grund gewesen sein. Die Sammlung, von der vorerst nur ein Teil ausgestellt werden konnte, wurde Oberbibliothekar Stern unterstellt. In seinem Bericht über die erste Ausstellung, den Moritz Stern, wie so viele seiner Publikationen, im „Hausfreund" genannten Selbstverlag[23] zusammen mit einer Würdigung Wolfs[24] erscheinen ließ, gibt er einen Überblick über die ausgestellten Zeugnisse jüdischer Kunst aus der Wolf'schen Sammlung, die durch anderes Material ergänzt wurde. Eine aus sieben Paragraphen bestehende Benutzungsordnung, die durch spezielle Bestimmungen ergänzt wurde, gibt auch über die wichtigsten Aufgaben der Kunstsammlung Auskunft.[25] Die Ausstellung umfaßte:

– palästinensische Altertümer
– antike jüdische Münzen
– Medaillen von jüdischem Interesse
– Siegel und Petschaften
– Kultgeräte
– Porträts denkwürdiger Persönlichkeiten des Judentums
– Handschriften, Drucke, Bücher.

Wie auch in der Ausstellung des späteren Museums spielte die Medaillensammlung eine große Rolle. Sie führte „vom Anfang des 16. Jahrhunderts bis in die Gegenwart" und stellte in „ihrer Gesamtheit einen Besitz" dar, „wie er sich sonst in keinem Museum so vollständig" fand.[26]

Insgesamt gab es im Laufe der Jahre vier Ausstellungen.

Über die zweite Ausstellung, Ende 1920 eröffnet, hat Stern in der Zeitschrift „Ost und West" eine Reihe von Aufsätzen publiziert, die im Philo Verlag unter dem Titel „Aus dem Berliner Jüdischen Museum" 1937 noch einmal als Buch erschienen sind.[27]

1923 drangen „Diebe über benachbarte Grundstücke hinweg ... durch die Fenster der Kunstsammlung und raubten alles, was in jener Inflationszeit einen höheren Vermögenswert darstellte".[28] So mußte die Ausstellung geschlossen werden. Erst 2 1/2 Jahre später – einige der gestohlenen Stücke konnten übrigens wiederbeschafft werden – wurde die dritte Ausstellung eröffnet. Im Sommer 1926 wurde auch diese wieder geschlossen; räumlich erweitert, wurde ein Jahr später die vierte Ausstellung eröffnet, von der es einen gedruckten Katalog gibt.[29] Raumnot und Geldmangel beeinträchtigten die Entwicklung der Kunstsammlung. Schon 1920 drückte der „Gemeindebote", die Beilage der „Allgemeinen Zeitung des Judentums", die Hoffnung aus, daß die Gemeindeverwaltung „in Zukunft größere Geldmittel zur Verfügung" stellen möge, „um dieses höchst verdienstvolle Institut weiter auszubauen".[30]

Besondere Aufmerksamkeit widmete die Kunstsammlung, und dies erscheint uns als bemerkenswert, der, wie wir heute sagen würden, museumspädagogischen Arbeit. „Zum besonderen Nutzen", schreibt der „Gemeindebote", „gereicht die Kunstsammlung den Schülern, die ... hier jüdische Geschichte studieren." Es wird lobend erwähnt, daß Unterricht an jüdischen Schulen zugunsten eines Museumsbesuches ausfiel.[31] Zweimal wurden in der Kunstsammlung Kinderzeichnungen gezeigt, die an jüdischen Schulen entstanden waren.[32] Im großen und ganzen aber führte die Sammlung ein Schattendasein, was Erna Stein (1903–1983), die seit 1930 an der Kunstsammlung tätig war, noch 1931 zu einem Artikel unter dem Titel „Die unbekannte Kunstsammlung" veranlaßte.[33] Wenn wir der von Adolph Donath herausgegebenen Zeitschrift „Der Kunstwanderer" glauben dürfen, war „die jüdische Gemeinde Berlin schwer überlastet ... und" konnte „dem Museum bloß 5000,– Mark jährlich zur Verfügung stellen".[34]

6. *Blick in eine spätere Ausstellung der Kunstsammlung*

Erst mit der Anstellung von Karl Schwarz (1885–1962) an der Kunstsammlung, im Oktober 1927, änderte sich das Bild allmählich. Der Kunsthistoriker Schwarz, zunächst Assistent, später Kustos, übernahm 1930 die Leitung der Sammlung. Dies ging offenbar nicht ganz reibungslos vor sich, denn Stern und Schwarz vertraten zwei unterschiedliche Positionen der Museumsarbeit. Bei vorsichtiger Interpretation der uns bekannten gedruckten Materialien entsteht jedenfalls ein solcher Eindruck. Dieser bestätigt sich durch die Erinnerungen von Karl Schwarz, die seine Söhne der Stiftung „Neue Synagoge Berlin – Centrum Judaicum" zur Veröffentlichung anvertraut haben.[35]

Die eng mit dem späteren Museum verbundene, als sein wissenschaftlicher Beirat seit 1935 ehrenamtlich tätige Rahel Wischnitzer-Bernstein schrieb 1937 in ihrem Aufsatz „20 Jahre jüdisches Museum": „Wenn heute schon eine Würdigung der beiden Museumsleiter gestattet ist, möchte man meinen, daß Stern besonders die wissenschaftliche Erschließung der Museumsbestände förderte, während Schwarz hauptsächlich auf die werbende Wirkung des Museums bedacht war."[36] Überdies scheint Schwarz mehr an der Pflege moderner jüdischer Kunst gelegen zu haben als Stern; allerdings muß vermerkt werden, daß der Vorstand der Gemeinde 1926 zum Ankauf von Gemälden und Zeichnungen lebender jüdischer Künstler 6000 Mark bewilligte. So konnte Stern eine Abteilung für moderne jüdische Kunst schaffen.[37] Leider gelang es in diesem Jahr nicht, der Kunstsammlung die große Kollektion des bekannten Berliner Sammlers Salli Kirschstein anzugliedern.[38] Kirschstein (1870–1935), eine typische Sammlerpersönlichkeit, der „wie so viele Sammler... die Umstände, unter denen er seine Funde machte, mit geheimnisvollem Dunkel" umgab[39], interessierte sich bereits für jüdische Kunst, als es diesen Begriff noch kaum gab, nämlich gegen Ende des vorigen Jahrhunderts.[40] Bevor er volljährig wurde, begann er, Judaica zu sammeln, damals „viel verlacht und verspöttelt", wie er selbst in einem Bericht über seine Sammlung sagt.[41] Den Grundstock seiner Kollektion bildete die des bereits erwähnten Heinrich Frauberger. Diese wurde, wie Rahel Wischnitzer-Bernstein im Nachruf auf Kirschstein bemerkte, „nicht von der auf Fraubergers Initiative hin gegründeten ‚Frankfurter Gesellschaft zur Erforschung jüdischer Kunstdenkmäler' erworben", sondern „wanderte nach Berlin bzw. Nikolassee, wo Kirschstein sie in seinem Garten in einer umgebauten Garage aufstellte . . ."[42] Kirschstein vermehrte die Sammlung laufend und verkaufte sie schließlich im Jahre 1926 nach Amerika an das Hebrew Union College in Cincinnati.[43]

Salli Kirschstein war es, der in seinem 1928 erschienenen Aufsatz „Wie hindern wir den Untergang alter jüdischer Kulturgüter"[44] die Empfehlung gab, die Kunstsammlung zu einem wirklichen Museum auszuweiten. Er wollte dies „seit einigen 30 Jahren"[45] und hatte schon 1908 „die Anregung gegeben, nach dem Vorbild der ‚Gesellschaft der Freunde des Kaiser-Friedrich-Museums' eine ‚Gesellschaft der Freunde des Jüdischen Museums' zu begründen".[46] Kirschstein konstatierte, daß mit der Wolf'schen Sammlung und ihrem „Ausbau in der Kunstsammlung der jüdischen Gemeinde . . . eine bedeutsame Grundlage" für seinen Museumsplan geschaffen sei.[47]

„Ein Museum", so schreibt er weiter, „ist nicht eine Sammlung von Überlebtem, ist nicht eine Zusammenfassung von Dingen aller Art, die nur Vergangenheit sind: ein Museum soll ein Lebendiges darstellen und eine Quelle der Anschauung und Erkenntnis sein . . . Ein jüdisches Museum . . . kann für den Zusammenhalt unserer eigenen Menschen von unschätzbarem Wert sein. Es müßte aber gleichzeitig die Einstellung der Nichtjuden zu Juden und Judentum ganz wesentlich beeinflussen können, da ja die mangelnde Kenntnis jüdischen Lebens eines der stärksten Motive der antijüdischen Haltung immer war und noch ist."[48]

Es ist wohl das Verdienst von Schwarz[49] – auch Kirschstein hatte sich dafür eingesetzt[50] –, daß am 28. November

7. *Salli Kirschstein*

Die Unterzeichneten gestatten sich,
Sie zur Gründungsversammlung des Jüdischen
Museumsvereins am Donnerstag, den 28. Nov. 1929
5½ Uhr im Hotel Kaiserhof ergebenst einzuladen.
Um Antwort bis 26. November wird höfl. gebeten.

*Herr Dr. Max Osborn wird über die Aufgaben
eines jüdischen Museumsvereins sprechen, Herr
Dr. Karl Schwarz einen Lichtbildvortrag über die
Kunstsammlung der Jüdischen Gemeinde halten.*

PROF. DR. MAX LIEBERMANN
Präsident der Akademie der Künste

PROF. GEORG BERNHARD

EUGEN CASPARY

ADOLPH DONATH

RECHTSANW. SAMMY GRONEMANN

JUSTIZRAT DR. JULIUS MAGNUS

DR. MAX OSBORN

DR. ARON SANDLER

DR. KARL SCHWARZ

GEORG TIETZ

THEODOR WOLFF

ARNOLD ZWEIG

8. Aufruf zur Gründungsversammlung des Museumsvereins

1929 der „Jüdische Museumsverein" gegründet werden konnte. Dieser Verein „macht es sich zur Aufgabe", wie es in § 2 seiner Satzung heißt, „das allgemeine Interesse für jüdische Kunst und Kultur zu wecken, insbesondere die Kunstsammlung der Jüdischen Gemeinde zu Berlin zu fördern und zu einem jüdischen Museum auszubauen. Aus den Mitteln des Vereins sollen für das Museum geeignete Kunstwerke beschafft und der bestehenden Kunstsammlung überwiesen werden. Publikationen, Führungen und Vorträge sollen diese Bestrebungen unterstützen."[51] Die in § 1 der eigenen Satzung vorgesehene Eintragung ins Vereinsregister muß erfolgt sein. Sie ist jedoch auf Grund der überlieferten Quellen nicht nachweisbar.[52]

In der Einladung zur Gründungsversammlung, die im Hotel Kaiserhof stattfand, präzisierten die Herren des Gründungsausschusses die Aufgaben des Vereins weitgehend, indem sie dort formulierten: „Die jüdische Kultur früherer Zeiten und der Gegenwart ist in ihren wichtigsten Dokumenten so gut wie unerschlossen. Diese Schätze zu heben und zu bewahren, sie der Allgemeinheit zugänglich zu machen und so eine empfindliche Lücke in unserem Geistesleben auszufüllen, ist die Aufgabe des jüdischen Museumsvereins."[53]

300 Teilnehmer dieser Versammlung bekundeten ihr Interesse an einem künftigen jüdischen Museum. Vorsitzender des Vereins wurde der Generalkonsul Eugen Landau (1852–1935), Schriftführer Dr. Karl Schwarz, Schatzmeister der Leiter des Wohlfahrtsamtes der Berliner Gemeinde, Eugen Caspary (1863–1931). Als Beisitzer fungierten die Kunstkritiker Adolph Donath (1876–1931), der für das „Berliner Tageblatt", und Dr. Max Osborn (1870–1946), der für die „Vossische Zeitung" schrieb, das Vorstandsmitglied der Gemeinde Dr. med. Aron Sandler (1879–1954), der Teilhaber des Warenhauskonzerns „Hermann Tietz" Georg Tietz (1889–1953) und der Schriftsteller Arnold Zweig (1887–1968).[54]

Prof. Dr. Max Liebermann, Präsident der Akademie der Künste, nahm unter allgemeinem Beifall die Wahl zum Ehrenvorsitzenden an. Max Osborn sprach auf dieser Veranstaltung über „die verschiedenen Etappen des bisherigen jüdischen Kunstsammelns"[55]: „Unendlich viel wichtiges Kulturgut", führte er aus, „schlummert noch verborgen an unbekannten Stellen, vieles findet sich in Privatbesitz. Manchem Stück droht die Vernichtung. Hier will der Museumsverein eingreifen. Er will diese Stücke der Allgemeinheit zugänglich machen. Er will Mäzene aufrufen, die die Wichtigkeit dieser Aufgabe erkennen und einsehen, daß es … unsere Pflicht ist, in einer Zeit neu erwachenden jüdischen Interesses auch unsere alte Kultur zu neuem Leben zu erwecken."[56]

Osborn betonte, daß der Museumsverein nicht nur Altes bewahren wolle, sondern auch neue jüdische Kunst sammeln werde, damit das jüdische Museum „ein Spiegelbild jüdischen Kunstschaffens von der ältesten Zeit bis auf unsere Tage" werde.[57] Nachdem Karl Schwarz in einem Lichtbildervortrag einige Stücke der Kunstsammlung vorgestellt hatte, sprach Aron Sandler und versicherte, daß die Gemeinde die Kunstsammlung und den Museumsverein „nach Maßgabe der ihr zur Verfügung stehenden Mittel fördern wolle"; er äußerte den Wunsch, „daß es bald möglich sein werde, das Jüdische Museum in neuen würdigeren Räumen unterzubringen".[58] Der neue Direktor der Sammlung, Dr. Karl Schwarz, konnte im Oktober 1930 berichten, daß die Kunstsammlung im Laufe des Jahres „auf allen Gebieten ihrer Sammeltätigkeit außerordentliche Fortschritte gemacht" habe[59], und gab wiederum der Hoffnung Ausdruck, daß das Jüdische Museum bald in neuen Räumen erstehen werde.[60]

Die Kunstsammlung hatte sich nach Gründung des Museumsvereins an einer Reihe von Ausstellungen beteiligt. Hier wären vor allem zu nennen die von der Staatsbibliothek in Verbindung mit der Jüdischen Gemeinde Berlin ver-

Jüdisches Museum   Berlin N 24,Oranienburgerstr.29
Sammlungen der Jüdischen Gemeinde   den 12.Oktober 1932.
    zu Berlin.

         An die

        Generaldirektion der Staatlichen Museen,
           z.Hd.des Herrn Direktor Dr. A n d r a e .

                       B e r l i n .

                        Kupfergraben.

        Die Jüdische Gemeinde zu Berlin hat ihre seit einer Reihe von
Jahren bereits bestehende Kunstsammlung,die einen Gesamtüberblick über
das künstlerische und kulturelle Schaffen der Juden aller Zeiten und
Länder geben soll,nunmehr so weit ausgebaut,dass sie sie in wesentlich
erweiterten Räumen als "Jüdisches Museum" eröffnen wird.Die Arbeiten für
dieses Museum sind bereits soweit gediehen,dass in den nächsten Wochen
mit der Übersiedlung und Einrichtung begonnen wird.
        Die Sammlung setzt sich aus den verschiedensten Abteilungen zu=
sammen und zwar:
                1.) einer archäologischen Abteilung,die Original-Ausgra=
bungen und Nachbildungen bedeutender Kultdenkmäler enthält,wobei beson=
deres Augenmerk darauf gelegt ist,dass diese Abteilung für didaktische
Zwecke verwendet werden kann;
                2.) einer Münzsammlung,die sämtliche jüdischen Münzen
und sodann Medaillen bis auf die Neuzeit enthält;
                3.) Kultgeräte,
                4.) einer graphischen Sammlung von mehreren 1000 Blatt,
                5.) Gemälde,Plastiken usw.
        Unser besonderes Augenmerk ist darauf gelenkt,die unter I angeführ=
te archäologische Abteilung so auszubauen,dass sie ein möglichst lücken=
loses Bild gibt.Wir haben u.a.Gipsnachbildungen des Mesa-Steines,der
Siloah-Inschrift,der Israel-Stele,der Herodianischen Inschrift des
Tempels usw.
        Im Besitze der Staatlichen Museen befinden sich nun einige
für unsere Zwecke überaus interessante und wertvolle Samaritanische In=
schrift-Tafeln,die sr.Zt.den Staatlichen Museen von Herrn Legationsrat
Prof.Dr.Sobernheim geschenkt wurden.Unsere Bitte geht nun dahin,uns
wenigstens eine dieser Tafeln für unsere Sammlung zu überlassen,da gera=
de diese einzigartigen Tafeln sowohl inhaltlich als auch der Form ihrer

9. Brief von Karl Schwarz an die Generaldirektion der Staatlichen Museen, Vor- und Rückseite

Schriftzüge wegen für uns von grösster Wichtigkeit sind.

Wir richten daher an die General-Direktion der Staatlichen Museen,die ergebene Bitte,uns eine dieser Tafeln freundlichst zu über= lassen,wobei wir vermerken,dass wir diese Bitte im Einvernehmen mit Herrn Prof.Sobernheim an Sie richten,mit dem der Unterzeichnete Gelegen= heit hatte,sich deswegen zu unterhalten.

Ihrer geneigten baldigen Antworten entgegensehend,zeichnen wir

mit vorzüglicher Hochachtung

Dr Karlschwarz

Leiter des Jüdischen Museums.

*

Herrn Prof. Ebeloh!
und die Bitte um Stellungsnahme.
Meines Erachtens kommt nur eine leihweise Überlassung
infrage, und auch diese nur mit Genehmigung der
Sachverständigen Kommission. Diskutabel wäre auch
Abgabe eines Gipsabgusses, ohne besondere Formalitäten, gegen
Erstattung der Kosten.

Andrae
13. X. 32

Herrn Direktor A n d r a e .

Ich möchte mich von vornherein für die zweite Möglichkeit (Gipsab= guss) aussprechen. Selbst eine leihweise Abgabe (verschenken können wir nichts) des Originals macht grosse formale Schwierigkeiten und schafft zudem einen bedenklichen Praezedenzfall. *Ebeloh*

17.X.32.

33

anstaltete Moses-Mendelssohn-Ausstellung (1929), eine Lessingausstellung (1929), gemeinsam mit dem Dresdener „Kunstdienst" veranstaltete „Wanderausstellungen moderner Kultgeräte und Kultbauten, die bisher (bis November 1930, H. S.) in Magdeburg, Chemnitz, Karlsruhe und Stuttgart stattfanden".[61] Besonders erwähnenswert scheint uns die Ausstellung „Altes Berlin" zu sein, die vom Märkischen Museum in den Ausstellungshallen am Funkturm im Sommer des Jahres 1930 veranstaltet wurde. In einem eigenen Raum stellte die Jüdische Gemeinde Dokumente und Materialien zu ihrer Geschichte aus. In einer Rezension der Ausstellung schrieb Karl Schwarz, daß in diesem Raum nicht gezeigt werden solle, „wie die Juden an dem Emporblühen der Großstadt teilgenommen haben", wie sie sich als Bürger der Stadt in den verschiedensten Bereichen des gesellschaftlichen Lebens betätigen, sondern diese Sonderschau galt „der Jüdischen Gemeinde als Gemeindewesen".[62]

Es scheint eine Reihe von Schwierigkeiten gegeben zu haben, bis die Kunstsammlung im Jahre 1932 in „Jüdisches Museum (Sammlung der Jüdischen Gemeinde zu Berlin)" umbenannt wurde und wenig später ihr neues Domizil beziehen konnte. Es war sicher im Sinne von Schwarz und seiner Assistentin Erna Stein, wenn Max Osborn im April 1931 in der C.-V.-Zeitung schrieb: „Der Jüdischen Gemeinde zu Berlin geht es hinsichtlich ihrer Kunstpflege höchst sonderbar: Sie hat ein Museum – und sie hat kein Museum... Zuerst das Negative. Sie hat ‚kein Museum', weil sie ihre Kunstsammlung rätselhaft und sträflich vernachlässigt."[63] Osborn führt weiter aus, daß man sich beim Betreten der Räume in der Oranienburger Straße 29 „fast zu einem Trödler versetzt" fühle. Daran seien weniger die Exponate als vielmehr „die unwürdige Enge, in der sich der Inhalt dieser vielseitigen, gerade in jüngster Zeit mit sorgsamster Kenntnis und Liebe vergrößerten Schatzkammer zusammendrängen muß", schuld. „In schlecht beleuchteten Zimmern ist alles atembeklemmend aneinandergerückt...

Für die Gemälde ist so wenig Platz vorhanden, daß zahlreiche Stücke in mehreren Reihen auf dem Boden stehen und der Besucher dauernd fürchtet, darüber zu stolpern … Der Leiter der Sammlung hat nicht nur keinen Raum für sich, er hat nicht einmal einen Verschlag, sondern nur einen … in die Ecke verwiesenen Sitzplatz. Ein unglaublicher Zustand."[64]

Osborn beklagt weiter, daß dies schon seit Jahren so gehe; er „kenne die Ausrede: Wir haben kein Geld. Aber nur eine völlig falsche Einstellung gegenüber dem Arbeitsgebiet, das sich hier öffnet, und den Pflichten, die damit zusammenhängen, kann zu solcher Begründung führen."[65] Dem Verfasser ist die herrschende Interesselosigkeit „unbegreiflich", und er hält sie für „unverzeihlich". Dabei sei in den letzten Jahren eine „einzigartige Sammlung, heute bei weitem die umfangreichste und gehaltvollste jüdische Kunstsammlung in Deutschland, vielleicht in Europa", zusammengekommen, die durch die „wissensreiche und geschulte Persönlichkeit von Dr. Karl Schwarz" und sein Wirken erfolgreich ausgebaut worden ist.[66]

Mit allen Mitteln bemühten sich Museumsmitarbeiter und der Museumsverein um den Ausbau der Sammlung. Da keinerlei Akten überdauert haben, sind wir im wesentlichen auf die damaligen Meldungen und Presseberichte angewiesen. Die Sammlung wuchs seit 1928 ganz enorm. So stieg die Zahl der Gemälde von 18 auf 80, die der Kultgeräte von 227 auf 348, die der Münzen und Medaillen von 794 auf 910 und die der graphischen Blätter von 3384 auf 6694. Die Zahl der palästinensischen Altertümer stieg von 12 auf 187.[67]

Ein besonders schöner und wichtiger Zuwachs gelang mit dem Erwerb des von Moritz Oppenheim gemalten Börne-Bildnisses (1827), das sich vorher in Frankfurt am Main befand.

Im Archiv der Staatlichen Museen zu Berlin befindet sich ein Brief von Schwarz vom 12. Oktober 1932 an die Generaldirektion der Staatlichen Museen.[68] Der Autor teilt darin mit, daß die Jüdische Gemeinde Berlin die Kunstsammlung, die „einen Gesamtüberblick über das künstlerische und kulturelle Schaffen der Juden aller Zeiten und Länder geben soll, nunmehr so weit ausgebaut" hat, daß sie sie in wesentlich erweiterten Räumen als „Jüdisches Museum" eröffnen wird.[69] Der Zweck des Briefes ist die Bitte um Überlassung einiger samaritanischer Inschrifttafeln. Die Berliner Museen sichern in ihrem Antwortschreiben eine Abformung der Tafeln zu.[70] In seinem Brief hatte Schwarz mitgeteilt, daß die Arbeiten für das Museum „bereits soweit gediehen" seien, „daß in den nächsten Wochen mit der Übersiedlung und Einrichtung begonnen" werde.[71]

In der Tat war es endlich gelungen, für das Museum passende Räume zu finden, und zwar im Hause Oranienburger Straße 31. In diesem Gebäude befand sich zuvor das euphemistisch als „Hospital" bezeichnete Siechenheim der Gemeinde, das nun, mit dem jüdischen Krankenhaus in der Exerzierstraße (später in Iranische Straße umbenannt) verbunden, ein neues Domizil erhalten hatte. Osborn betonte im Juli 1932 in seinem bereits zitierten Aufsatz, daß dieser Entschluß des Gemeindevorstandes das Verdienst von Karl Schwarz sei, „der seit Jahren mit unermüdlichem Eifer, kenntnisreich, umsichtig und spürsinnig die Sammlung betreut".[72]

Am 24. Januar 1933 war es nun endlich soweit: Das Museum wurde eingeweiht. Das ganze erste Stockwerk des einstmals von Moritz und Bertha Manheimer gestifteten Hauses Oranienburger Straße 31 wurde, nachdem es durch den Gemeindearchitekten Baumeister Alexander Beer umgebaut worden war, der Öffentlichkeit übergeben.

Viele Zeitungen des Inlandes, aber auch ausländische Blätter berichteten von diesem Ereignis. Grundlage ihrer Reportagen war der ausführliche Bericht der J. T. A. (der Jüdischen Telegraphen-Agentur)[73], die Ende 1919 von dem in Wien geborenen Publizisten Jakob Landau und dem aus Rußland stammenden Meir Grossmann gegründet worden war.

10. Moritz und Bertha Manheimer

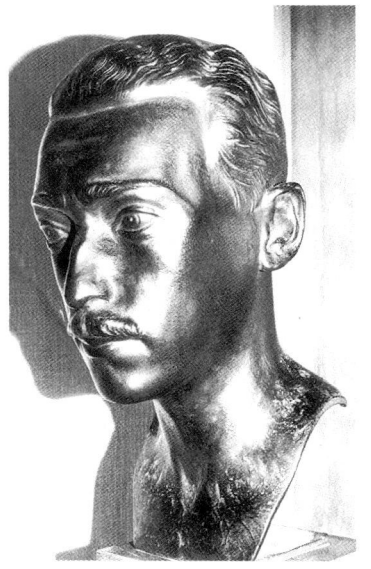

11. Arnold Zadikow: Büste von Karl Schwarz (1910)

Einer der Korrespondenten für J. T. A. war der 1997 hochbetagt in Jerusalem verstorbene James Yaakov Rosenthal. Er nahm für die Agentur an der Gründungsfeier teil, und der Bericht dürfte in seinen wesentlichen Teilen von ihm stammen. Wir stützen uns bei der Schilderung der Einweihungsfeier darauf.

In dem größten Saal der Gemäldegalerie versammelten sich zahlreiche Persönlichkeiten des jüdischen öffentlichen Lebens, unter ihnen mehrere Mitglieder des Gemeindevorstandes, der Repräsentantenversammlung, die meisten Gemeinderabbiner, Vertreter öffentlicher Behörden und Sammlungen.

Nach einem Musikvortrag des nach seinem ersten Geiger benannten „Wittenberg Trios" begrüßte der stellvertretende Vorsitzende des Gemeindevorstandes, Kammergerichtsrat Leo Wolff, die Gäste, besonders den geheimen Regierungsrat Dr. Max J. Friedländer, Direktor der Gemäldegalerie der Staatlichen Museen, Prof. Dr. Kurth, Kustos am Kupferstichkabinett der Staatlichen Museen, Prof. Glaser, Direktor der Kunstbibliothek der Staatlichen Museen, und den Direktor des Märkischen Museums, Dr. Stengel. Leo Wolff erklärte, daß die Gemeinde das Erbe der Väter auf religiösem Gebiet hüten und ein enges Band um die Gemeindemitglieder schließen wolle. Sie sei „daher verpflichtet, auch das künstlerische Kulturgut zu sammeln und zu sichten und Juden wie Nichtjuden Belehrung über dieses Kulturgut zu verschaffen und aller Welt den Wert und Umfang auch dieses Teils des jüdischen Lebens nahezubringen".[74] Anschließend sprach Dr. Aron Sandler, der Dezernent des Gemeindevorstandes für Bibliothek und Museum; er schilderte die bisherige Entwicklung der Kunstsammlung und teilte mit, daß die bislang zuständige Bibliothekskommission die Verwaltung des Museums einer neuen selbständigen Gemeindekommission übertragen habe.

Nachdem Sandler die didaktische Bedeutung der Sammlung hervorgehoben hatte, richtete er an die jüdische

Öffentlichkeit die Bitte, dem Museum wertvolle alte Familienstücke zur Verfügung zu stellen, um so den Verlust bedeutender Privatsammlungen, die während der Inflationszeit ins Ausland gegangen seien, wettzumachen; das ist offenbar eine Anspielung auf das Schicksal der Sammlung Kirschstein, die ja, wie schon erwähnt, vom Eigentümer an das Hebrew Union College verkauft worden war. Als letzter Redner sprach Karl Schwarz, der einen Überblick über die einzelnen Teile der Sammlung gab. Er formulierte als Ziel, das Museum zu einer zentralen Stätte jüdischer Kunst und jüdischen Kulturstrebens auszugestalten.

Im Anschluß an die Feier wurde unter Führung von Schwarz die Sammlung besichtigt.

An die Führung schloß sich ein gemütliches Beisammensein an, in dessen Verlauf der Maler Eugen Spiro (1874–1972) seine Genugtuung darüber ausdrückte, daß die Gemeindebehörden und Karl Schwarz über der Würdigung der Vergangenheit die Nöte der lebenden jüdischen Künstler nicht vergessen.

Der bereits erwähnte James Yaakov Rosenthal erinnert sich fast 50 Jahre später an dieses Ereignis. „Wer dieser Einweihung, die eine wahre ‚Weihe‘ war und ausstrahlte, an jenem, durch das Folgende für immer denkwürdigen Nachmittag beiwohnte, trägt diesen, auch an und in sich schönen Akt für immer im Herzen. Denn es war der letzte bedeutsame, noch einigermaßen unbeschwerte, gleichsam abendscheinbesonnte jüdische Gesamtkulturakt in der damaligen Reichshauptstadt ... Da war noch einmal alles versammelt – zu jüdischem Tun und Bekennen –, was Klang und Rang im jüdischen wie im allgemeinen Geistes- und Kunstleben hatte.“[75] Max Liebermann schenkte dem Institut ein Selbstporträt, das erst wenige Tage zuvor fertig geworden war. Dadurch wurde die Gemäldesammlung wesentlich bereichert. „Immer wieder“, erinnert sich Rosenthal, „wandten sich Blicke und Sinn von den Weihereden zum schönsten Museumsschmuck: Liebermanns neuestem Selbstporträt, in dessen Nähe er saß…"[76] Übrigens hatte auch Spiro zur Eröffnung ein Selbstporträt gestiftet.[77]

Vertreter des Kultusministeriums konnten bei der Eröffnung nicht anwesend sein. Am 2. März aber, meldet J. T. A., statteten Ministerialdirektor Dr. Trendelenburg und vier weitere höhere Beamte des preußischen Kultusministeriums dem Jüdischen Museum einen Besuch ab. Sie wurden von Rabbiner Dr. Baeck und Dr. Schwarz begrüßt und äußerten sich nach 1 ½ Stunden Besichtigung begeistert über die Einrichtung des Museums.[78]

Rechtzeitig zur Eröffnung lag der von Karl Schwarz verfaßte „Führer durch das Jüdische Museum" vor, der eine genaue Beschreibung der Räume enthält.

Zunächst betrat der Besucher die Eingangshalle, an deren Wänden drei Monumentalgemälde hingen, und zwar Lesser Urys „Jeremias" und der von demselben Maler 1928 geschaffene „Moses", an der Querwand eine Prophetendarstellung Jakob Steinhardts zwischen der Mendelssohn-Büste von Tassaert und der Büste Abraham Geigers von Max Levi. In der Mitte des Raumes stand das neueste, von einem Mäzen zur Eröffnung gestiftete[79] Werk des Münchener Bildhauers Zadikow „David".

Auch die hier ausgestellte Mendelssohn-Büste war eigentlich ein Werk Arnold Zadikows (1884–1943), auf die an dieser Stelle näher einzugehen ist.

Im Mai 1921 versteigerte die Berliner Autographenfirma Karl Ernst Henrici einen Brief Mendelssohns vom 26. 4. 1784 an den aus Antwerpen stammenden Hofbildhauer Friedrichs II. Jean-Pierre-Antoine Tassaert (1727–1788). „Der Künstler will ihn modellieren", heißt es unter Nr. 238 im 70. Henrici-Katalog. 250 Mark sollte das Schreiben kosten, wie der beigelegten Preisliste zu entnehmen ist. Trotz intensiver Nachforschungen war nicht zu ermitteln, wer das Blatt gekauft hat und wo es geblieben ist. Moritz Stern hat diesen Brief, der nicht in die Briefeditionen eingegangen ist, gekannt, denn er teilt uns in seinem Aufsatz

MOSES MENDELSSOHN
GEBOREN IN DESSAU
IM IAHR 1729
VON IÜDISCHEN ÄLTERN
EIN WEISER WIE SOKRATES
DEN GESETZEN DER VÄTER GETR
UNSTERBLICHKEIT LEHREND
UND UNSTERBLICH WIE ER,

12. Jean-Pierre-Antoine Tassaert: Büste Moses Mendelssohn mit Sockel und Inschrifttafel

13. Eingangshalle des am 24. Januar 1933 eröffneten Museums

„Gutachten und Briefe David Friedländers"[80] mit, daß dieser Brief den Termin eines Besuches Mendelssohns zu einer Sitzung in Tassaerts Atelier betreffe.

Im Jahre 1784 hatten sich zwanzig Freunde des jüdischen Philosophen zusammengetan, um eine Büste von ihm mit einer Inschriftplatte anfertigen zu lassen, deren Text der Dichter Ramler (1725–1798) lieferte. Dieses Kunstwerk sollte der Berliner jüdischen Freischule, an deren Gründung Mendelssohn ja maßgeblich beteiligt war, geschenkt werden. Jeder Spender zahlte 20 Taler in Gold. Für die Gesamtsumme von 400 Talern also fertigte Tassaert die Büste und eine Säule mit Inschriftplatte. Jeder Geldgeber erhielt einen Gipsabguß der Büste; von diesen Abgüssen ist wohl heute kein Exemplar mehr vorhanden. Bei der Auktion der zweiten Sammlung Kirschstein – der Kunstfreund hatte gleich nach dem Verkauf seiner Sammlung, Mitte der zwanziger Jahre, mit dem Aufbau einer neuen begonnen, die 1932 versteigert worden ist – wurde allerdings ein Gipsabguß der Tassaertschen Büste, vermutlich einer der zwanzig, angeboten.[81]

Die Originalbüste wurde noch zu Lebzeiten des Philosophen im Februar 1785 in der Freischule aufgestellt. Hier aber sollte sie nicht lange bleiben. Ihre Odyssee begann bereits im darauffolgenden Jahr. Da die Büste vor Beschädigungen nicht sicher war, wanderte sie zunächst in die Wohnung von David Friedländer, der zusammen mit seinem Schwager Isaac Daniel Itzig die Schule leitete. Nach Itzigs Tod trat im Juli 1806 Lazarus Bendavid an dessen Stelle. Um die Schule zweckmäßiger einzurichten, brauchte er Geld und versuchte deshalb, die Büste an Friedländer zu verkaufen. Dieser lehnte ab. Auch ein kurze Zeit später unterbreiteter Lotterieplan, 70 Lose zu 5 Talern Einsatz zu verkaufen – zu gewinnen war die Büste –, scheiterte, weil die Lose nicht abgesetzt werden konnten. Die wirtschaftliche Lage war nach verlorenem Krieg nicht gerade rosig, und 70 Loskäufer fanden sich nicht. So blieb das Kunstwerk weiterhin bei Friedländer. Im Jahre 1819 schlug Friedländer, der die Büste nun schon über 30 Jahre in seiner Berliner Wohnung, Burgstraße 25, hatte, Bendavid vor, die Büste zu verkaufen, da er seinen Wohnsitz nach Charlottenburg verlegte. „Die Büste wäre wohl", schrieb Friedländer, „auch für das Versammlungszimmer der israelitischen Gemeinde allhier recht sehr geeignet. Schwerlich werden die Vorsteher, wenigstens nicht alle, Sinn für einen solchen Ankauf haben. Es bleiben also nur die Söhne des Weltweisen, besonders Joseph ... als Bewerber übrig." Den Preis der Skulptur schätzte Friedländer auf 50 Friedrichsdor. Das waren zu jener Zeit 250 Taler; Preußen war verarmt, und Gold- zu Silberprägung verhielten sich ab 1806 wie 1:5 (vorher 1:1,7). „Wenn ich 50 Jahr statt 70 Jahr alt wäre", heißt es weiter bei Friedländer über die Büste, „so würde ich zwar diesen Preis mit Vergnügen zahlen und nach meinem Tode sie ... an die Königl. Bibliothek vermachen. Ich habe indessen Zweifel, daß diese sie annehmen ... würde."[82]

Ob Bendavid nun versuchte, das Kunstwerk der Gemeinde zu verkaufen, oder ob er in diesem Punkte Friedländers Meinung war, wissen wir nicht. Er schlug Joseph Mendelssohn am 13. Mai 1811 vor, die Büste leihweise an sich zu nehmen. Für die Nutzung seien jährlich 15 Taler in Gold zu entrichten.

So bekam Mendelssohn das Kunstwerk. Endlich wurde die Skulptur am Ende des Jahres 1825 durch den Übergang der jüdischen Freischule in die Knabenschule der jüdischen Gemeinde Eigentum dieser Institution, blieb aber bis zur Kündigung des Mietverhältnisses (zum 31.12.1906) bei der Familie Mendelssohn. Nun wurde die Büste im Sitzungssaal des Gemeindevorstandes aufgestellt, wie es Friedländer fast 90 Jahre früher vorgeschlagen hatte.

1917 kam das Tassaertsche Werk auf Veranlassung Sterns in die neugeschaffene Kunstsammlung der Gemeinde. Hier blieb allerdings die Skulptur nur bis zum Jahre 1931. Wieder einmal ging sie auf Reisen, und zwar als Leihgabe an die

Familie Mendelssohn. Dort war sie ja schon einmal, und zwar in den Jahren 1819–1906. Diesmal zahlte die Familie offensichtlich keine Miete, sondern Franz von Mendelssohn hatte auf seine Kosten eine Kopie von Arnold Zadikow anfertigen lassen, die bis zur gewaltsamen Schließung des Museums in der Eingangshalle stand. Die Originalbüste befindet sich heute im Gemeindehaus der Jüdischen Gemeinde Berlin, Fasanenstraße. Die dazu gegebene Erklärung, daß diese Büste ein Unbekannter rettete, ist sicher richtig, nur müßte gesagt werden, woher. Aus dem Museum nicht, denn dort stand ja, wie wir zu zeigen suchten, die Zadikowsche Kopie, die sich heute im Besitz des Centrum Judaicum befindet. Sie zeigt auf der Rückseite neben der Angabe, daß Tassaert die Büste 1785 geschaffen hat, Zadikows Initialen AZ als Ligatur und das Jahr 1930.[83] Sie steht heute auf einem unsignierten Originalsockel im Eingangsbereich des Centrum Judaicum.

Als zu Beginn des Jahres 1995 die Fläche, auf der einstmals die Neue Synagoge stand, nach Bomben abgesucht werden mußte, entdeckten wir noch einen weiteren Sockel, der sich von dem anderen nicht zu unterscheiden scheint. Vielleicht stammt einer von Zadikow, so daß der Bildhauer vielleicht nicht nur Kopf sondern auch Sockel kopiert hat.

Der Weg zum Künstlertum war für Zadikow, Sohn eines Kantors in Pommern, weder leicht noch geradlinig. Er arbeitete zunächst als Maurergeselle, später fand er eine Anstellung bei einem Häusermakler in Berlin. Er bildete sich als Autodidakt und wurde als Künstler erstmalig 1912 von K. S. = Karl Schwarz, mit dem ihn in der Folgezeit jahrelange Freundschaft verbinden sollte[84], in der illustrierten jüdischen Monatsschrift „Ost und West" vorgestellt.[85] Zadikow wurde 1942 nach Theresienstadt deportiert und starb dort ein Jahr später infolge der unerträglichen Lebensbedingungen.[86] Als eines seiner Hauptwerke gilt der „David", der, wie bereits erwähnt, in der Mitte des Eingangssaales des Museums stand. Es mag einem Kunsthistoriker überlassen blei-

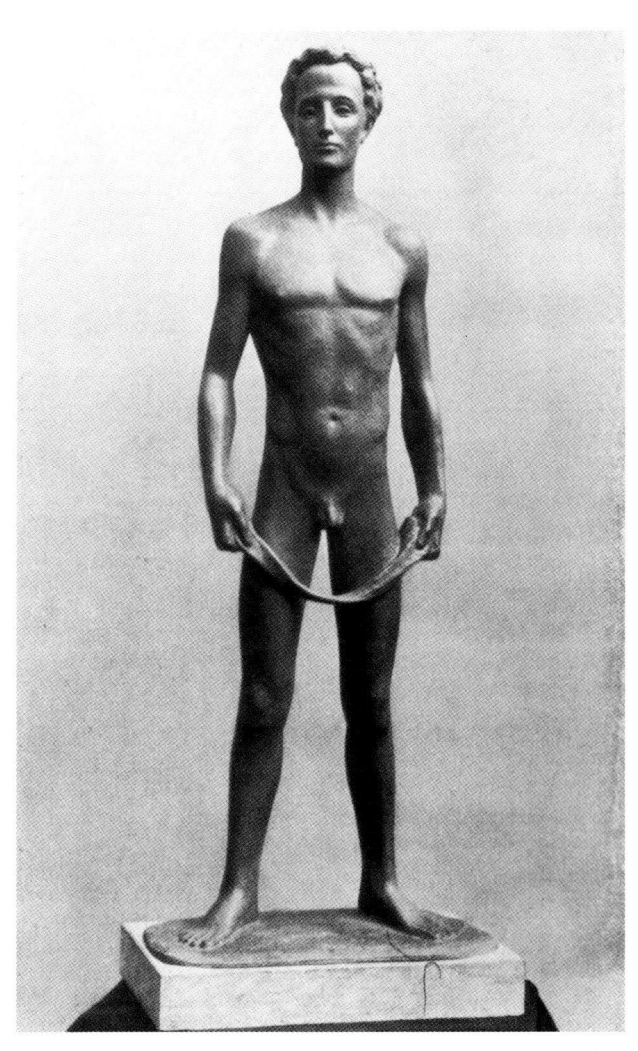

14. Arnold Zadikow: David (1921)

ben, dieses Werk einer kritischen Würdigung zu unterziehen. Zadikow selbst hat zu seiner Statue gesagt: „Das ist meine Antwort an Hitler und die Nazis."[87] „Als Zadikow 1943 in Theresienstadt starb, konnte er nicht wissen, wie nahe die Verwirklichung dessen war, was er künstlerisch gestaltet hatte."[88] Wir wissen nicht, ob Zadikow den in seinem Werk zum Ausdruck kommenden Glauben an Widerstand und Sieg bewahrt hat, als auch er, wie er es im Juli 1942 in einem unveröffentlichten ergreifenden Gedicht formulierte[89], zu den „Scharen müder alter Leute" gehörte, die sich „von Tor zu Tor schleppen". Sein „David" hat sich, wie bereits in der Einleitung vermerkt und wie wir später sehen werden, erhalten.

Auch zwei weitere Werke Zadikows, nämlich Büsten von James Simon und Paul Nathan, den Begründern des Hilfsvereins der deutschen Juden, gehörten zum Besitz des Jüdischen Museums. Beide Büsten standen in der Porträtgalerie, in die man gelangte, wenn man von der Eingangshalle durch einen Durchgang ging. Pissarro, Israels und Liebermann waren in diesem Durchgang mit einigen kleinen, aber charakteristischen Arbeiten vertreten. Erwähnenswert ist auch ein hier ausgestelltes Bildnis des Friedhofes in der Großen Hamburger Straße von Friedrich Feigl (1884–1966). Die Porträtgalerie beherrschte das bereits erwähnte Oppenheimsche Gemälde des revolutionär-demokratischen Schriftstellers Ludwig Börne (eigentlich Löb Baruch), das in der ersten Hälfte des vorigen Jahrhunderts in vielfachen Kopien verbreitet war.[90] Oppenheim hat Börne mindestens fünfmal porträtiert. Nach neuesten Forschungen ist unser Bild nicht 1827 sondern erst 1840 entstanden.[91]

Bereits 1827 hatte der Künstler den Schriftsteller erstmals gemalt; bei beiden Bildern handelt es sich um sogenannte Kniestücke. Das Bild hat dem Dargestellten sehr gefallen, und Oppenheim erinnert sich in seinen Memoiren, die er als 80jähriger im Jahre 1880 verfaßte, an einen Brief, den ihm Börne im April 1827, verbunden mit dem Honorar von

15. Friedrich Feigl:
Friedhof
Große Hamburger Straße

49

offenbar fünf Carolin (1 Carolin entsprach in Frankfurt/
Main zu jener Zeit 11 Gulden, 24 Kreuzern[92]) geschickt
hatte. Börne schrieb:

„Lieber Freund!
Jetzt da ich das Gemälde in meinen Händen habe, lache ich
Sie aus. Sie haben es um eine Million weniger fünf Carolin
zu wohlfeil hingegeben. Eine halbe Million rechne ich für
den Stoff des Bildes, eine halbe für die Arbeit daran. Aber
Sie brauchen sich darum nicht zu schämen. So, so beschei-
den war ich auch in meiner Jugend; aber es verliert sich,
und man lernt endlich sich schätzen, wie Sie an mir sehen.
Vielleicht sind Sie begnadigter als Andere, und lernen es nie.
Horchen Sie meiner Weisheit! Reichtum ist ein Fels,
Armuth eine Sandbank des Lebens. Vor der letzteren kann
uns eigene Kraft bewahren, vor dem anderen nur Gottes
Gnade. Er schützte Sie. Es ist ein Fluch im Gelde. Danken
Sie mir, daß ich Ihnen so mäßig geflucht.

Ihr Freund Börne"[93]

Bisher war es leider nicht möglich zu ermitteln, warum sich
der Bürgerverein Frankfurt/Main von dem Bildnis, das sich
heute im Jerusalemer Israel Museum befindet, trennte.[94]
Jedenfalls war es die „kostbarste Neuerwerbung" des Jahres
1932[95] und nun eine Zierde der Porträtgalerie. Schwerpunkt
dieser Galerie waren die Porträts Berliner jüdischer Ärzte,
die das Krankenhaus der Gemeinde der Kunstsammlung
überlassen hatte.[96]
    Die Galerie umfaßte Werke des 18. Jahrhunderts, wie
z. B. das Porträt des Berliner Gemeindeältesten (1768–1782)
und Oberlandesältesten aller preußischen Juden (1775–
1792) Jacob Moses – sein Enkel A. E. Mossner hatte das von
Stern 1920 in die zweite Ausstellung der Kunstsammlung
aufgenommene Bild im Jahre 1875 der Gemeinde
geschenkt[97] –, und reichte bis in die Moderne, wie z. B. Leo
Baecks Bildnis, gemalt von Meidner, Selbstbildnisse von Liebermann und Ury.

Eine Verbindungstür führte in den Saal der modernen Maler, an dessen Hauptwand das bekannte Gemälde von Samuel Hirszenberg (1865–1908) „Sie wandern" hing, das allerdings nicht ungeteilten Beifall fand. Osborn bezeichnete es in der „Vossischen Zeitung" als „sentimentalen Riesenschinken", der „schleunigst von seinem jetzigen anspruchsvollen Platz verschwinden" sollte.[98] Wir begeben uns zurück zur Eingangshalle und kommen von dort, rechts von einem langen Gang aus, in die Kultabteilung.

Dem jüdischen Kultus widmete die Ausstellung drei Räume. Hier wurden Chanukkaleuchter, Bsomimbüchsen, Toraschmuck und vieles andere mehr gezeigt, übrigens nicht alles Eigentum des Museums, sondern auch manche Leihgabe.

Von besonderem Wert war ein Toravorhang, ursprünglich ein seidener Wandteppich aus dem Jahre 1590, ein Geschenk des Königs Friedrich Wilhelm I.

In einem Aufsatz im „Israelitischen Familienblatt" hat sich Stern genauer mit der Geschichte dieses königlichen Geschenks beschäftigt.[99] Wir folgen seiner Beschreibung.

Auf dem Innenstück des Vorhangs, der die Jahreszahl 1590 trägt, sieht man das Wappen des Hohenzollernkurprinzen Joachim Friedrich (1563–1598), des späteren Kurfürsten (1598–1608). An den vier Seitenrändern sind neben verschiedenen Ornamenten und der Darstellung eines Jägers eine Reihe von Tierbildern eingestickt: Gemse, Einhorn, Bär, Reh, Hirsch, Löwe, Hase, Eichhörnchen, Papagei und Fuchs. Stern nimmt an, daß das Stück ursprünglich für ein Jagdschloß bestimmt gewesen war.

Fast vier Jahre nachdem die Synagoge Heidereutergasse ihrer Bestimmung übergeben worden war, besuchte König Friedrich Wilhelm I. am dritten Halbfeiertag des Pessachfestes, am Mittwoch, dem 20. April 1718, die Synagoge. Anläßlich seines Besuchs stiftete er das Stück als Vorhang für die Heilige Lade des Gotteshauses. Der Judenschaft bereitete dieses Geschenk gewisse Verlegenheit: Zwar hatte

16. Die Kultgerätesammlung des Museums (2. Kultraum)

17. *Die Kultgerätesammlung des Museums (1. Kultraum) Toravorhang aus
der Synagoge Heidereutergasse, Geschenk des Königs Friedrich Wilhelm I.;
davor: Chanukka-Leuchter aus dem 18. Jh. aus der Nähe von Krakau*

der König den Vorhang angeblich wegen des darauf gestickten Psalms (111,10)[100] „Initium sapientiae timor Domini" (Der Anfang der Weisheit ist die Furcht Gottes) ausgewählt, er hatte aber dabei übersehen, daß die Tierbilder nicht ganz zu der Heiligen Lade paßten. Da eine Zurückweisung des Geschenkes unmöglich war, entschied man sich, den Vorhang etwas zu verändern. Oben ließ man eine Krone (Krone der Tora) aufsticken und darunter als Dank in hebräischen Worten: „Es lebe unser Herr, der König Friedrich Wilhelm, hoch sei seine Majestät." Oben und unten wurde, da der Vorhang die Lade nicht bedeckte, eine Samtborte angefügt.

Als Stern den Vorhang im Jahre 1917 vom Synagogenvorstand für die Kunstsammlung erbat, wußte man eigentlich nicht mehr, was für eine Bewandtnis es mit dem Stück hatte. Wie Stern an anderer Stelle ausführt[101], sprach man damals noch „von der Türkenfahne, dem Türkenteppich, den der ‚alte Fritz' geschenkt habe".[102]

Es ist Moritz Stern gelungen, diesen Vorhang, der früher regelmäßig an Feiertagen, später nur noch Simchat Tora (Fest der Torafreude), vorgehängt wurde, auszuleihen und damit einer breiteren Öffentlichkeit zugänglich zu machen. Nur einmal im Jahr, nämlich zum Freudenfest der Tora, wurde er der Alten Synagoge zurückgegeben.

Im folgenden zweiten Kultraum der Ausstellung wurden verschiedenste Chanukka-Leuchter, Torazeiger und Schofarhörner neben einer Standvitrine mit Esther-Rollen gezeigt. Bemerkenswert ist eine kleine Sammlung von Petschaften und Siegeln, u. a. mehrere der Prager Gemeinde und das Petschaft des Finanzmanns Bassevi von Treuenberg (1570–1643), des ersten Juden Österreichs, der in den erblichen Adelsstand erhoben wurde.

Der dritte Kultraum beherbergte eine kleine Auswahl moderner Kultgeräte, während der vierte der Archäologie Palästinas gewidmet war. Hier in diesem Raum wurden auch Teile der Münz- und Medaillensammlung gezeigt, zunächst persische Dareiken, Alexandermünzen und Prägungen der jüdischen Könige. Münzen des ersten und zweiten Aufstandes fehlten ebensowenig wie die sogenannten Judaea capta Münzen, die Vespasian und Titus auf die Bezwingung Judäas prägen ließen.

Von besonderer Bedeutung – wir hatten bereits darauf hingewiesen – war die Medaillensammlung des Museums. Es ist das Verdienst Albert Wolfs, sich als erster systematisch mit jüdischen Medaillen beschäftigt zu haben. Diese Beschäftigung fand ihren Niederschlag in zahlreichen Publikationen.[103] Die von Wolf angelegte Medaillensammlung wurde Teil seiner Stiftung, die jetzt den Grundstock des Museums bildete. Stern erweiterte diesen und veröffentlichte in seinem bereits mehrfach genannten Buch „Aus dem Berliner Jüdischen Museum" eine umfassende Beschreibung der aus 291 Stücken bestehenden Sammlung, die er in sieben Kategorien gliederte.[104] Natürlich war es nur möglich, einen Bruchteil der Sammlung auszustellen.

Unter den Medaillen ist ein Stück besonders erwähnenswert. Es handelt sich um das Wachsmodell einer Medaille von Abraham Abramson auf den Fürsten von Hessenstein, den in Stralsund residierenden Generalgouverneur von Schwedisch-Pommern, den Kanzler der Universität Greifswald. Diese Originalwachsbossierung war die einzige des Medailleurs, die überkommen war, und zwar eine Schieferplatte mit hellem Wachs.[105]

In einem Gang, der zum letzten Raum der Ausstellung führte, wurden moderne jüdische Graphiken gezeigt. An einer Wand hingen Bilder, die sich auf die Geschichte der Berliner jüdischen Gemeinde und anderer großer jüdischer Gemeinden bezogen, sowie Darstellungen jüdischer Feste. In einer Nische war eine kleine Sammlung von Porträtminiaturen untergebracht, von denen die aus der Wolfschen Sammlung stammenden Bildnisse der Mitglieder des Westfälischen Konsistoriums, die der Hofmaler des Kurfürsten von Hessen, Salomon Pinhas (1759–1837), schuf, hervorzu-

18. Beschneidungsbank aus Märkisch-Friedland, 1772 (2. Kultraum)

19. Eröffnungsfeier am 24. Januar 1933. Am Rednerpult: Dr. Karl Schwarz; vorne rechts: Dr. Aron Sandler; zweiter von links: James Yaakov Rosenthal, Korrespondent der J. T. A

20. James Yaakov Rosenthal (ca. 1932)

21. Modernes jüdisches Kultgerät Ludwig Wolpert: Chanukka-Leuchter

22. Modernes jüdisches Kultgerät Ludwig Wolpert: Torakrone mit Schild

23. Blick auf einen Toravorhang aus dem Jahr 1788 (Vorhang allein erschien als Nr. 2. der vom Museum herausgegebenen Ansichtskartenserie)

heben sind. Der letzte Teil des Ganges war als Vorraum einer Synagoge gedacht. Hier hingen zwei weitere Toravorhänge der Alten Synagoge, von denen ein besonders schöner, vielleicht etwas überladener, den Abschluß des Ganges bildete. Er stammte aus dem Jahre 1788; Benjamin b. Joel aus Halberstadt und seine Frau Lewija hatten ihn aus Anlaß der Barmizwah ihres Sohnes Joel der Alten Synagoge zum Geschenk gemacht. Als das Jüdische Museum im Jahre 1937 eine Serie von sechs Ansichtskarten zum Preis von einer Reichsmark herausgab, war auf einer (Nr. 2) dieser Vorhang abgebildet.

Den Schluß der Ausstellung bildete ein rekonstruierter Synagogenraum, dessen Kernstück (Almemor und Aron hakodesch) die Holzarchitektur der Synagoge Schönfließ in der Neumark [heute: Trzcinsko Zdroj, Polen] bildete. In der Literatur findet sich der Hinweis, daß es sich bei der aus dem Jahre 1849 stammenden[106] Schönfließer Synagogeneinrichtung um eine Spende von Salli Kirschstein gehandelt habe.[107]

Diese Formulierung stellt den Sachverhalt nicht ganz richtig dar, denn zunächst einmal versuchte Kirschstein, die Synagogeneinrichtung zu verkaufen, die, wie es im Versteigerungskatalog seiner zweiten Sammlung heißt, „auf Grund der Abbildung zur Versteigerung gelangen" sollte. Die Einrichtung, die in Kirschsteins Wohnung verblieben war, konnte dort nach vorheriger Anmeldung besichtigt werden.[108] Es ist anzunehmen, daß er erst, nachdem sich kein Käufer gefunden hatte, die Synagogeneinrichtung dem Museum schenkte. Dies bestätigte uns auch Erna Stein in einem Brief vom 5.2.1983. In demselben Schreiben teilte sie uns mit, daß Schwarz, der zur Versteigerung nach München gefahren war, die Stücke mit folgenden Katalognummern für das Museum erwarb: 27, 33, 99, 144 f., 153, 188, 203, 298, 299, 300–302, 304, 306 und 667.

„Daß Dr. Schwarz" schrieb Donath im „Berliner Tageblatt", „auch den Raum einer alten Synagoge erstehen ließ, war ein Wagnis. Aber auch das ist ihm ebenso gelungen wie die Einrichtung der übrigen Räume."[109]

Stimmen der Kritik waren allerdings ebenfalls zu hören. Einer der schärfsten Kritiker der Konzeption des neuen Museums war der Direktor der Kunstbibliothek der Staatlichen Museen, Curt Glaser; er gehörte, wie bereits erwähnt, zu den Gästen der Eröffnungsfeier. Im „Berliner Börsen-Courier", dessen Kunstkritiker Glaser neben seiner Tätigkeit bei den Staatlichen Museen war, schrieb er zur Eröffnung des Museums einen Artikel unter der Überschrift „Das neue ‚jüdische Museum'"[110]; er setzte also „jüdisches Museum" in Anführungsstriche und führte aus, daß der „Begriff eines ‚jüdischen Museums'... wesentlich durch die Tatsache bestimmt" werde, „daß es eine jüdische Kunst nicht" gebe. „Alle Bemühungen, die spezifischen Äußerungen altjüdischen Gewerbefleißes und die Erzeugnisse jüdischer Künstler neuerer Zeit zusammenzutragen und unter gemeinsamem Gesichtspunkt zu betrachten, haben nicht zu dem Ergebnis geführt, daß ein besonderer jüdischer Kunstcharakter, geschweige denn ein eigener jüdischer Stil erkennbar geworden wäre... Ein jüdisches Museum, wie es nun... eingerichtet ist, mußte also notwendig nach mehr kunsthistorischen, religionsgeschichtlichen und völkerkundlichen als nach eigentlich künstlerischen Gesichtspunkten angeordnet und aufgebaut werden. Es zeigt die Kultgeräte und gruppiert sie nach ihrer sachlichen mehr als ihrer stilgeschichtlichen Zusammengehörigkeit."[111] Glaser vertritt die Auffassung, daß das Museum in diesem Punkt sogar noch hätte weitergehen sollen, „indem es die Kulthandlungen selbst darstellte und erläuterte, denen die Gerätschaften dienen". „Es hätte", schreibt er weiter, „ein entschieden religionsgeschichtliches Museum sein dürfen, da ja doch nur die Formen ihres altüberkommenen Kultus den im übrigen gänzlich in der Zivilisation der Nationen, zu deren Gemeinschaft sie sich bekennen, aufgegangenen jüdischen Menschen eigentümlich geblieben sind." Glaser kritisiert, daß das

24. Synagogeneinrichtung Schönfließ in der Sammlung Salli Kirschstein

25. Rekonstruierter Synagogenraum aus dem 18. Jahrhundert,
Almemor und Aron hakodesch aus der Synagoge Schönfließ

Farb. 1
Jean-Pierre-Antoine Tassaert: Büste Moses Mendelssohn, mit Sockel und
Inschrifttafel, Kopie der Büste von Arnold Zadikow (1930)

Farb. 2
Jakob Steinhardt: „Der Prophet" (1913/14)

Farb. 3
Max Liebermann: Selbstbildnis (1933)

Farb. 4
Adrian Zingg (?): Moses Mendelssohn

Museum seinen „Ehrgeiz weitergespannt" habe und „über den Rahmen der Kulturgeschichte hinaus auch eine künstlerische Sammlung" aufgebaut habe. Zwar sammele das Museum „mit Vorliebe Darstellungen, die mit dem Judentum und seiner Geschichte in einer Beziehung stehen, ...aber zwischen den gegenständlichen und den künstlerischen Gesichtspunkten die rechte Mitte zu halten, wird immer ein schwieriges Problem bleiben..." Glaser konstatiert, es sei nicht einzusehen, „warum nicht eine der wunderbaren Darstellungen des alten Testaments, die Rembrandt geschaffen hat, falls sie erreichbar wäre, in einem jüdischen Museum hängen sollte, und auf der anderen Seite muß man die Frage stellen, wohin es führt, wenn irgend ein Stilleben oder eine Landschaft eines deutschen Malers jüdischer Konfession hier unter dem Titel jüdischer Kunst vorgeführt wird. Es führt zu einer durchaus unerwünschten und sachlich in keiner Weise zu begründenden Spaltung. Denn Liebermann ist ein europäischer, er ist ein deutscher, er ist ein Berliner Künstler, aber daß er einer jüdischen Familie angehört, ist für die Form und das Wesen seiner Kunst durchaus unerheblich... Eine jüdische Kunst gibt es außerhalb des Kultbereiches heute so wenig, wie es eine katholische oder evangelische Kunst gibt."[112]

In Glasers noch heute lesenswertem und anregendem Artikel wird nicht nur die Konzeption des Museums kritisiert, sondern auch einzelne Stücke werden unter die Lupe genommen. Wie von Osborn[113] wird Samuel Hirszenbergs Monumentalbild „Sie wandern" als „böse künstlerische Entgleisung"[114] gekennzeichnet. Auf der anderen Seite findet Glaser Worte des Lobes für die Anfänge einer jüdischen Porträtgalerie.

Eine gewisse Tragik liegt darin, daß der Verfasser, der seine Ausführungen mit dem Satz ausklingen ließ, „das Judentum liefert seinen Gegnern selbst die Waffen, indem es den Begriff einer jüdischen Kunst aufstellt, die es in Wahrheit nicht gibt"[115], kurze Zeit später, entsprechend einem Erlaß des Kultusministers, aus seinen Diensten entlassen wurde[116] und noch im selben Jahr Deutschland verließ.

Das Museum wurde also, wie bereits erwähnt, am 24. Januar 1933 in seiner neuen Gestalt feierlich der Öffentlichkeit übergeben. Sechs Tage später entstand durch die Ernennung Hitlers zum Reichskanzler und die damit verbundene Machtübernahme durch die Nationalsozialisten eine völlig veränderte Situation. Das Jüdische Museum war in doppelter Weise betroffen: Während es einerseits einen großen Auftrieb dadurch erhielt, daß die Juden, aus dem deutschen Kulturleben ausgeschlossen, sich der eigenen Geschichte in stärkerem Maße zuwandten und sich eng um die eigenen Institutionen scharten, war es auf der anderen Seite Schikanen ausgesetzt, und der Druck wurde zunehmend stärker. Die nationalsozialistische Ideologie brachte es mit sich, daß sich durch den Ausschluß der Juden aus dem deutschen Kulturbetrieb naturgemäß eine veränderte Konzeption dessen ergab, was als jüdische Kunst zu gelten hatte. All das, was auf Grund der Maßnahmen der nationalsozialistischen Regierung nicht mehr im deutschen Kunstbetrieb geduldet wurde, galt nun als jüdische Kunst. Um den jüdischen Künstlern eine Wirkung zu ermöglichen, mußte die Leitung des Jüdischen Museums die nationalsozialistische Definition dessen, was als jüdisch zu gelten habe, übernehmen. Dennoch kam es darauf an, wie es Max Osborn in einem Artikel in der C.-V.-Zeitung formulierte, „den Maßstab nicht zu verlieren".[117] Osborn schrieb Ende 1935, die Entwicklung der letzten Jahre resümierend: „Wenn wir Juden in der neuen Lage, in der wir uns befinden, . . . daran gingen, unser geistiges Leben auf veränderter Grundlage aufzubauen, die kulturellen und künstlerischen Interessen, ohne die wir unser Dasein nicht denken können, vom jüdischen Gedanken- und Gefühlskreis aus zu pflegen, wußten wir sogleich, daß diese Arbeit keine leichte sein konnte. Sie wurde . . . besonders dadurch erschwert, daß viele der besten jüdischen Künstlermenschen . . . Deutschland verließen. Wir

FÜHRER DURCH DAS JÜDISCHE MUSEUM

26. Titelblatt des 1933 erschienenen Kataloges

27. Erna Stein im Museum (ca. 1934)

Josef Israels (1824-1911):
Kleines Kind mit Mütze
gezeichnet von M. Gorelik

28. Kopie einer Radierung von J. Israels,
gezeichnet von einem neunjährigen Schüler

haben uns dadurch nicht entmutigen lassen, und wenn wir die so entstandene Lücke nicht schließen konnten, so haben wir wenigstens versucht, für das Fehlende Ersatz zu schaffen... Es kann nicht ausbleiben", fährt Osborn weiter fort, „daß in einer Lage wie der unserigen auch Streber und Nichtskönner plötzlich aus der Versenkung aufsteigen und einzig unter Berufung auf ihre Zugehörigkeit zur jüdischen Gemeinschaft eine Berücksichtigung verlangen, die sie früher niemals zu beanspruchen gewagt hätten. Es ist einfacher und notwendiger Selbstschutz, wenn wir sie in ihre Schranken zurückweisen. Wir wollen ihnen gern hilfsbereit entgegenkommen, wenn sie in Not sind, aber wir müssen uns davor hüten, ihnen zur Besteigung eines Piedestals, das zu ihrer Begabung in lächerlichem Gegensatz steht, durch Handreichung zu helfen. Soziale Künstlerfürsorge und sinnvolle Kunstpflege sind zwei grundverschiedene Angelegenheiten; sobald man sie verwechselt oder durcheinandermengt, wird Unfug gestiftet."[118]

Schon im Mai des Jahres 1933 folgte Karl Schwarz „einem dringenden Ruf Meir Dizengoffs"[119], des Tel Aviver Bürgermeisters, und verließ Deutschland, um die Leitung eines von diesem ins Leben gerufenen Städtischen Museums zu übernehmen.[120] Vor seiner Emigration „nahm er noch entscheidenden Anteil am Zustandekommen und Aufbau der ‚Jüdischen Künstlerhilfe'".[121]

Das Wirken dieser Institution hat ihr Leiter, Dr. Hermann Schildberger, in seinem Artikel „Ein Jahr Künstlerhilfe" ausführlich geschildert, so daß hier darauf verwiesen werden kann.[122]

Nachdem Schwarz seinen Posten verlassen hatte, übernahm Erna Stein, seit 1930 am Museum angestellt, „an seiner Stelle die Direktionsgeschäfte".[123] Sie hatte vornehmlich in Breslau studiert und mit einer Arbeit über Barocksäulen einen Universitätspreis gewonnen.[124]

Zwei Jahre konnte Erna Stein die Geschicke des Museums lenken, bis sie im Mai 1935 nach Palästina auswanderte.

Sie hatte inzwischen geheiratet und war seither unter dem Namen Erna Stein-Blumenthal bekannt.

Das Jahr 1933 brachte dem Museum 13 000 Besucher, die sich auf knapp zehn Monate verteilten. „Das Interesse", so schrieb Erna Stein in ihrer Analyse ‚Ein Jahr Jüdisches Museum', „das das große Publikum jeder Neueröffnung in den ersten Wochen entgegenzubringen pflegt, ist im Laufe dieses ganzen Jahres aber nicht etwa gesunken; im Gegenteil, die Besuchsziffern sind von Monat zu Monat gestiegen"..., und „man darf wohl behaupten, daß das Jüdische Museum sich in seinem einjährigen Bestehen einen Platz im Leben der Berliner Jüdischen Gemeinde erobert hat."[125] Die Verfasserin führte weiter aus, daß „die Ereignisse der letzten Monate nicht unwesentlich dazu beigetragen" hatten, „den Sinn und das Verständnis für die im Jüdischen Museum aufbewahrten Kulturwerte zu wecken und zu befestigen".[126]

Besonders begrüßte Erna Stein in ihrem Artikel, daß auch viele Kinder „zu den eifrigen Freunden des Museums zählen", die Exponate kopierten. Das Museum hatte „eine kleine Mappe derartiger Kopien anlegen" können.[127]

Bereits im ersten Jahr ihres Bestehens erhielt die neue Institution eine Reihe von Schenkungen, die „obdachlos gewordene umfangreiche Porträtsammlung der Gesellschaft der Freunde fand ... depositorische Aufnahme, da die Bilder aus Raummangel nur zu einem ganz geringen Teil" im Museum „aufgehängt werden konnten".[128]

Im Jahre 1792 hatten etwa hundert junge Männer, unter ihnen federführend Joseph Mendelssohn, die „Gesellschaft der Freunde" gegründet.[129] Es handelte sich hierbei um einen institutionalisierten Kreis von Freunden und Gleichgesinnten, die bereit waren, sich gegenseitig brüderlich zu helfen. Die Gesellschaft war einer der philanthropischen Vereine, deren es zu damaliger Zeit viele gab.

Ihre Siegel (ein größeres und ein kleineres) waren übrigens von ihrem Mitglied, dem Berliner Medailleur Abramson gestochen worden.[130] Im Laufe der Jahre erwarb die Gesellschaft eine Kunstsammlung; es waren dies vornehmlich Porträts ihrer Mitglieder.

Im März des Jahres 1922 mußte die „Gesellschaft der Freunde", wie es in ihrem Brief an den Direktor der Berliner Nationalgalerie heißt, „ihr Lokal (Berlin, Potsdamer Straße 122 a/b, H. S.) Ende dieses Monats räumen" und suchte darum nach, die Bilder in der Nationalgalerie unterzustellen.[131] Wie aus dem Brief ferner hervorgeht, hatte bereits in dieser Angelegenheit zwischen Franz von Mendelssohn und dem Direktor der Nationalgalerie, Justi, der die Sammlung „in Augenschein zu nehmen … die Güte hatte", eine Unterredung stattgefunden.[132] Justi antwortete dann auch prompt auf das Ersuchen der „Gesellschaft der Freunde" und erklärte sich gern bereit, „die der Gesellschaft … gehörigen Bilder in das Verwahrsam der Nationalgalerie zu übernehmen". Er bat darum, die Kunstwerke „nach dem Kronprinzen-Palais überführen zu lassen oder den Zeitpunkt anzugeben, zu dem" er „sie auf Kosten der Gesellschaft holen lassen" könne.[133] Die Gesellschaft machte von Justis „gütigem Anerbieten Gebrauch"[134], und so kamen die Kunstwerke in das Kronprinzen-Palais. Die Gesellschaft überwies nun jährlich die Versicherungskosten an die Museen, nachdem der Wert der Stücke vor Übergabe festgelegt worden war. Ein Verzeichnis der Sachen, unter denen sich als wertvollstes Bild ein Porträt des Benjamin Liebermann (1862 war er zum Vorsteher der Gesellschaft gewählt worden)[135], von seinem Neffen Max Liebermann gemalt, befand, ist noch heute bei den Akten.[136]

Die Bezahlung der Versicherung erfolgte im März 1933 zum letzten Mal.[137] Bereits am 30. Mai schrieb der wenig später von den Nazis gemaßregelte Justi – vermutlich war er dazu gezwungen worden – an die „Gesellschaft der Freunde", daß es „bei der steigenden Raumnot leider nicht möglich" sei, „die Werke noch länger zu behalten. Vielleicht läßt sich", schreibt Justi weiter, „die Unterbringung im Museum der Jüdischen Gemeinde ... ermöglichen."[138]

Am 11. August 1933 – Justi war seit dem 1. Juli nicht mehr Direktor[139], wurden die Kunstwerke abgeholt[140] und vermutlich sogleich in das Jüdische Museum transportiert. Dort kamen sie, von wenigen Ausnahmen abgesehen, in das Depot, das sich im Kellergeschoß des Gebäudes befand, in dem auch das Museum untergebracht war.

Die Depotbestände des Jüdischen Museums umfaßten nur die zweite Garnitur, ihr Wert war also nicht sehr hoch, und gelegentlich wurde manches dort verwahrte Kunstwerk verliehen.[141] Auch Fotografien und Reproduktionen – von beidem besaß das Museum reiches Material – stand Interessenten gegen eine kleine Gebühr zur Verfügung. Erwähnenswert ist in diesem Zusammenhang auch die Sammlung von Diapositiven, die schon 1930 1 752 Stück umfaßte.[142]

Mit dem Namen Erna Stein sind eine Reihe Ausstellungen und Aktivitäten verbunden. Steins erklärte Absicht war es, „das Jüdische Museum ... als ein lebendiges Anschauungsmittel jüdischer Geschichte darzustellen", da „am Anfang jeder ernstgemeinten Selbstbesinnung" das Studium jüdischer Geschichte stehen müßte.[143] Sie wollte „neue Wege einschlagen, um die Beziehung zwischen Kunst und Publikum noch enger und lebensvoller zu gestalten".[144] Hierzu bot einerseits der Museumsverein eine Möglichkeit, der nun in mehr oder weniger regelmäßigen Abständen Vorträge veranstaltete. Ein weiterer Schritt in dieser Richtung waren andererseits gesellige Veranstaltungen, „die Künstler, Laien und Fachleute zu Vorträgen und Aussprachen zusammenführen" sollten.[145] Damit in Zusammenhang stand Erna Steins Engagement für die Künstlerhilfe der Berliner Gemeinde, und es ist vielleicht mehr als nur ein Zufall, daß wenige Wochen nach ihrer Emigration die Künstlerhilfe in der C.-V.-Zeitung mitteilte, daß die Sprechstunde für bildende Künstler nicht mehr im Jüdischen Museum stattfinde, sondern in das Büro der Künstlerhilfe in der Charlottenburger Kantstraße verlegt sei.[146]

Am 18. Februar 1934, einem Sonntag, hatte die Künstlerhilfe der bildenden Künstler in die Räume des Jüdischen Museums zum Tee eingeladen, der Erlös kam der Künstlerhilfe zu.[147] Die Malerin und Graphikerin Meta Cohn-Hendel gab Einblick in ihre Arbeit. Der Vortrag wurde vom Trio Rosen-Zeelander-Jarecki und der Sängerin Hede Türk musikalisch umrahmt. Dies war wohl die erste Veranstaltung dieser Art. Wie Bertha Badt-Strauß berichtet, hatte der Kunsthistoriker Dr. Loewenstein – es handelt sich wohl um Dr. Herbert Loewenstein, in dessen Kunstverlag zweimal, 1934 und 1935, ein Kunstkalender der Künstlerhilfe, herausgegeben von Stein, Landsberger und Osborn, erschien[148] – die Absicht, „einmal etwas zur Unterstützung der jüdischen bildenden Künstler zu tun, zur Ausführung gebracht; und ... Erna Stein hatte ihn in ihrer bekannten, liebenswürdig-geschickten Art bei der Ausführung unterstützt".[149]

Der Bericht von Badt-Strauß erschien zunächst im „Israelitischen Familienblatt". Wenig später druckte ihn die „Bayerische Israelitische Gemeindezeitung"[150] noch einmal, geringfügig gekürzt und kaum verändert, unter der programmatischen Überschrift „Das Jüdische Museum in Berlin ruft zur Künstlerhilfe auf".

Eine weitere Veranstaltung dieser Art, die die C.-V.-Zeitung als „sehr würdig und erfreulich" bezeichnete[151], fand am 21. April 1934 zur Feier des 60. Geburtstages von Eugen Spiro (1874–1972) und des 50. von Ludwig Meidner (1884 bis 1966) statt. Beiden Malern zu Ehren hatte Erna Stein „eine sorgsam vorbereitete kleine Ausstellung hergerichtet"[152], die im Anschluß an die von der Künstlerhilfe vorgenommene Ehrung gezeigt wurde.

„In anderen Zeiten", konstatierte Dr. Sandler, der die Begrüßungsansprache hielt, „wären die Mitbegründer der Sezession und die Vorkämpfer des Expressionismus anders gefeiert worden."[153] Den einleitenden Vortrag hielt Dr. Lutz

29 a. Einladung zum Teeabend (Vorderseite)

ZUM TEEABEND IM JÜDISCHEN MUSEUM
ORANIENBURGER STR. 31. TEL. D2 5921 LADET EIN
DIE KÜNSTLERHILFE d. JÜD. GEMEINDE
ABT.: BILDENDE KUENSTLER
AM SONNABEND. D. 21. APRIL . UM 8¼ UHR
2. KÜNSTLER JUBILÄEN:
DER 60-JÄHRIGE SPIRO.
DER 50-JÄHRIGE MEIDNER
DR. LOTZ WELTMANN – EINL. VORTRAG
ROSE LIECHTENSTEIN . REZITATION
AUS WERKEN LUDWIG MEIDNERS
AUSSTELLUNG VON WERKEN
BEIDER MALER
KARTEN · ZU MK 2,25
EINSCHL. TEEGEBÄCK
JÜDISCHES NUSEUM · TELEFON : D2. 5921
KÜNSTLERHILFE KANTSTR. 158 TEL. D1 1066

29 b. Einladung zum Teeabend 1934 (Rückseite)

Weltmann (1901–1967), ehemaliger Kritiker der „Berliner Volkszeitung". Außerdem wurden Gedichte von Ludwig Meidner vorgetragen, der bekanntlich nicht nur als Maler, sondern auch als Literat einen Namen hatte. Beide Maler gingen übrigens in die Emigration, Spiro im Jahre 1935, Meidner 1939. Die Ausstellung im Berliner Jüdischen Museum war die letzte dieser beiden Künstler in Deutschland. Leider scheint es von ihr keinen Katalog gegeben zu haben, und wir sind auf die Beschreibung in der jüdischen Presse angewiesen.[154] Die Spiro-Meidner-Ausstellung, die auch einen Einblick in das Schaffen von Meidners Frau Else gab, ist von der Kunstgeschichtsschreibung, sehen wir ab von einer Fußnote[155] und dem Verzeichnis der Ausstellungen, das Grochowiak bietet[156], lange Zeit vergessen worden. Meidner erwähnt sie in seiner autobiographischen Skizze nicht.[157] Sie fehlte in den jeweiligen Lebensläufen, die in den Katalogen von Ausstellungen Spiros (z. B: Berlin [West] 1969, Köln 1978)[158] und denen Meidners (z. B. Recklinghausen 1963, Darmstadt 1970)[159] enthalten sind.

Erst neuere Arbeiten[160] über Eugen Spiro führen diese Ausstellung zu seinem 60. Geburtstag und letzte in Deutschland vor seiner Emigration an.

Meidner war sogar noch mehr in Vergessenheit geraten. „Irgendwie", schreibt Tramer in seinem Aufsatz ‚Das Judenproblem im Leben und Werk Ludwig Meidners', „hatte sich nämlich in den Köpfen der Kunstfreunde die Annahme festgesetzt, daß sich Meidner nicht mehr unter den Lebenden befinde, und auf diese Weise passierte es sogar dem gelehrten Professor Dr. Ernst Scheyer aus Detroit, daß er in seiner großen Rede ‚Der Beitrag des Judentums zur modernen Kunst' im Rahmen der Ausstellung ‚Synagoga' in der Städtischen Kunsthalle Recklinghausen vom 3. November 1960 bis 15. Januar 1961 von Ludwig Meidner als einem derjenigen jüdischen Künstler sprach, der dem Barbarismus des Naziregimes zum Opfer gefallen sei. Da aber, in einer Atempause des Redners, erhob sich inmitten der Zuhörer ein etwas dicklicher, kleiner alter Mann mit einem Käppchen auf dem haarlosen Haupt und sagte schüchtern: ‚Hier – ich bin Meidner!'."[161]

Das wachsende Interesse am Expressionismus im letzten Jahrzehnt brachte es mit sich, daß Ludwig Meidner bei allgemeinen und thematisch orientierten Ausstellungen stärker berücksichtigt wurde und es auch zu zahlreichen Einzelausstellungen kam.[162]

Noch eine zweite Ausstellung ist mit dem Namen Erna Stein verbunden, und zwar die Bildnisausstellung „Jüdische Köpfe", die im Oktober 1934 im „breiten, rückwärtigen Verbindungsgang, der zu wechselnden Ausstellungen bestimmt" war[163], gezeigt worden ist. Wir können uns auf Beschreibungen von Osborn[164], Landsberger[165] und Olga Bloch[166] stützen. Die chronologische Reihenfolge der porträtierten Personen begann mit Maimonides (1135–1204). Bei dem Bildnis, das den Philosophen, Kodifikator und Arzt zeigt, handelt es sich allerdings um einen Stich des 18. Jahrhunderts, der dem ‚Thesaurus antiquitatum sacrarum' des Blasius Ugolinus entnommen ist.[167] Er stammt, wie der Verfasser angibt, „ex antiqua Tabula".[168] Es gibt noch ein zweites Bildnis, dem offenbar das des Thesaurus als Vorlage diente, und wir können nicht sagen, welche Fassung in der Ausstellung des Museums zu sehen war.

Zu dem Bildnis ‚ex antiqua Tabula' gibt es ein Gutachten des Rabbiners Prof. I. S. Reggio (1784–1855) aus Görz, der die Echtheit des Bildes behauptet. Er schreibt: „Da übrigens Ugolinus, als ein sachkundiger, fleißiger und ehrenhafter Mann, nicht leicht eines Betruges verdächtigt sein kann, so steht der Wahrscheinlichkeit, daß er wirklich bei der Veröffentlichung seines Werkes eine solche Tabula vor sich gehabt hat, nichts entgegen."[169]

Es bleibt natürlich völlig offen, ob das Bild der historischen Person in irgendeiner Weise ähnlich ist.

Die Ausstellung reichte bis in die Moderne. Eine Gruppe von Porträts stellte Moses Mendelssohn dar, den sanften

Aufklärer und kühnen Kämpfer für die Judenemanzipation. Neben der Lithographie, die der Berliner Künstler Friedrich Jentzen (1804–1875) nach Graffs Mendelssohn-Porträt gefertigt hatte, und einer getuschten Federzeichnung[170] des Philosophen von Chodowiecki (1726–1801) zeigte die Schau ein nur 14,2 x 8 cm großes Blatt, auf dem Moses Mendelssohn vor dem Berliner Tor in Potsdam zu sehen ist: Im Jahre 1792 erschien in Berlin ein heute zu den Rara der Bibliotheken zählendes Büchlein, und zwar „Physiognomischer Almanach für 1792. Berlin. Bei Johann Friedrich Unger".

Bei dem Text dieses Almanachs handelt es sich um eine Geschichte aus Venedig, die, wie Ludwig Geiger, der auf das vergessene Bild aufmerksam gemacht hatte, schreibt, „abend- und morgenländische Abenteuer enthaltend", „unsinnig" und „gänzlich wertlos" ist. Sie „entspricht dem Titel des Almanachs in keiner Weise".[171] Er werde nur dadurch gerechtfertigt, daß dem Büchlein „eine Reihe Chodowieckischer Kupfer und deren Erklärungen, in denen ab und zu auch das physiognomische Moment hervorgehoben" werde, beigegeben ist.[172] Unter diesen Kupfern, die „geistreich erdacht und kunstmäßig ausgeführt"[173] sind und die verschiedensten Typen zeigen, finden wir als 10. Blatt „Moses Mendelssohns Examen am Berliner Thor zu Potsdam".

Die Episode, deren Höhepunkt hier illustriert wird, ist zuerst von Nicolai erzählt worden. Wir wollen sie in ihrem Wortlaut (mit behutsam modernisierter Orthographie) wiedergeben.

„Der König invitierte im Jahre 1771 den Kursächsischen Staatsminister Freiherrn von Fritsch, den er bei Gelegenheit des Hubertusburger Friedens hatte kennen lernen, zu sich nach Potsdam. Gegen die Zeit, als derselbe abreisen wollte, äußerte er gegen den König, daß er über Berlin zurückgehen möchte. Der König fragte ihn, was er da machen wolle? Der Minister antwortete: ‚Hauptsächlich sei die Ursache, weil er den berühmten Moses Mendelssohn, den er so sehr hochschätze, gern wolle persönlich kennen lernen.' Der König, welcher irgend eine Ursache haben mochte, warum er nicht gern sah, daß der Minister über Berlin ginge, sagte ihm auf eine verbindliche Weise: ,Deswegen möchte er nicht nach Berlin reisen, sondern lieber noch einen Tag bei ihm bleiben, er wolle Moses nach Potsdam kommen lassen.' Moses erhielt also von einem Herrn des Hofes ein Schreiben ungefähr in folgenden Worten: ,Da der Kursächsische Staatsminister Freiherr von Fritsch Verlangen trägt, den berühmten Herrn Moses Mendelssohn persönlich kennen zu lernen, so habe ich demselben, auf Befehl Sr. Königlichen Majestät, hierdurch sollen zu wissen tun, daß er gegen morgen Mittag nach Potsdam kommen möchte.'

Der Tag da Moses diesen Brief erhielt, war ein Freitag, und folglich der Tag, an welchem er reisen sollte, unglücklicherweise ein Sonnabend: der Tag der Ruhe, an welchem den Juden, zufolge der Gesetze des Talmuds, nicht erlaubt ist, über Land zu reisen, am wenigsten im Wagen. Moses hatte die weise Zurückhaltung, niemals sich eigenmächtig von den Gesetzen loszuzählen, die seine ganze Nation beobachtete. Es ward also vom Oberlandrabbiner eine Versammlung der Gesetzesverständigen veranlaßt, welche entschied: Daß im gegenwärtigen Falle der ausdrückliche Befehl des Landesherrn eine Dispensation von diesem Gesetze erlaube. Sie ersuchten aber zugleich den Reisenden, daß er, um des Volkes willen, welches die Umstände nicht wissen könne, aus dem Tore zu Berlin zu Fuß gehen, und vor Potsdam aus dem Wagen steigen und zu Fuße hinein gehen möchte.

Dies geschah, Moses ward beim Eintritte in Potsdam von der Schildwache mit einem ,Wo will der Jude hin?' aufgehalten. Zu gleicher Zeit kam ein ganz junger Offizier heraus, um ihn zu examinieren. Moses gab auf Befragen, was sein Geschäft in Potsdam sei, zur Antwort: er komme auf Befehl des Königs dahin und überreichte dabei den obengedachten

Brief. Der Fähnrich las ihn bedächtig durch; und indem er nochmals auf das Wort *berühmt* sah, fragte er den Philosophen: ‚Worin ist er denn so berühmt, daß er hierher berufen wird?‘ – Moses, obgleich sonst sehr ernsthaft, konnte doch bei Vorfällen dieser Art, welche ihm in seinem Leben einigemale begegneten, eine gewisse Laune nicht verleugnen, antwortete daher ganz gelassen: ‚Ich spiele aus der Tasche!‘ – ‚So!‘ war der Bescheid, ‚Geh er nur in Gottes Namen!‘.“[174]

Mendelssohns Antwort war also hinreichend plausibel; er durfte passieren.

Im Jahre 1929 hat Bruno Strauß die Geschichte auf ihren Wahrheitsgehalt hin untersucht und auf andere Quellen, die den Besuch in Potsdam behandeln, aufmerksam gemacht[175]: Merkwürdigerweise hatte Geiger einen von ihm im Band 5 der ‚Zeitschrift für die Geschichte der Juden in Deutschland‘ veröffentlichten Brief[176] nicht mit dem von ihm ebenfalls dort publizierten Aufsatz über das Bild und den Nicolaischen Bericht in Zusammenhang gebracht. Den Brief, auf den Strauß hinweist, schrieb ein gewisser Behm aus Potsdam an Zacharias Veitel Ephraim in Berlin. „Es ist ein Bericht eines Augenzeugen; während Nicolais Erzählung ja nur eine … Wiedergabe dessen sein kann, was er aus Mendelssohns Munde nach dessen Rückkehr gehört hatte.“[177] Strauß stellt nun beide Berichte gegenüber. Behm teilt uns das genaue Datum des Mendelssohnschen Besuches mit: Es war der 30. September 1771, das entspricht nach jüdischem Kalender dem 22. Tischri 5532, d. h. einem Feiertag, und zwar Schemini Azeret. In jenem Jahr war der 30. September ein Montag. Nicolai hatte sich also geringfügig geirrt. „Wenn Nicolai richtig erzählt, daß vom Oberlandrabbiner eine Versammlung der Gesetzesverständigen einberufen worden sei, um über die Zulässigkeit von Mendelssohns Reise zu entscheiden, so mag der Umstand, daß es sich bei dieser Entscheidung nicht, wie man bisher annahm, um einen Sabbat, sondern um Schemini Azeret handelte, die rabbinische Genehmigung der Reise erleichtert haben.“[178]

Die Darstellung, die Mendelssohn vor dem Berliner Tor in Potsdam zeigt, ist von Lowe nach einem Bild von Chodowiecki gestochen worden. Dieser Lowe war ein aus Königsberg stammender jüdischer Künstler. Er wurde am 24. Juni 1756 als Moses Samuel Löwe geboren. „Er selbst nannte sich", wie Hagen in der ausführlichen Biographie des Künstlers mitteilt, „Lowe und wählte für Moses Samuel als Vornamen Michael Siegfried, ohne daß er durch die Taufe sie sich zu eigen machen wollte."[179]

Bereits als 14jähriger kam er 1760 nach Berlin, wo sich sein Verwandter David Friedländer seiner annahm. „Lowe hatte ... schon 1780 eine solche hohe Stufe in seiner Kunst erstiegen", schreibt Jolowicz in seiner ‚Geschichte der Juden in Königsberg', daß sich „die Kaiserin Catharina II. in Petersburg ... von ihm malen ließ."[180] Besonderes Verdienst erwarb sich Lowe durch die von ihm herausgegebenen ‚Bildnisse jetztlebender Berliner Gelehrten mit ihren Selbstbiographien', die, nachdem 1806 ein Probeheft erschienen war[181], über das sich Goethe in der ‚Jenaischen Literaturzeitung' anerkennend geäußert hatte,[182] noch in demselben Jahr in drei Lieferungen erschienen sind. Für die Geschichte der Juden Berlins verdient die in der zweiten Lieferung enthaltene Autobiographie des Philosophen und Mathematikers Lazarus Bendavid (1762–1832), der lange Jahre Direktor der Freischule der Berliner Gemeinde war, besondere Beachtung.

Die von Lowe gestochene Mendelssohn-Darstellung hing nun in der Porträtausstellung des Jüdischen Museums.

Karl Schwarz, verdanken wir übrigens eine kunsthistorische Beschreibung des Blattes. Er teilt uns über die „einzige Darstellung Mendelssohns in ganzer Figur"[183] folgendes mit: „Sicherlich handelt es sich hier um eine der vielen anekdotischen Darstellungen, wie sie Chodowiecki zur Illustration für Almanache angefertigt hat. Sie wird in ihrer Art etwas übertrieben sein, trotzdem aber in gewisser Beziehung doch die kleine unansehnliche Gestalt wiedergeben,

30. Moses Mendelssohns Examen am Berliner Thor zu Potzdam
Stich von M. S. Lowe nach einer Zeichnung von Daniel Chodowiecki

wie sie ihm in Erinnerung geblieben. Denn Chodowiecki kannte Mendelssohn genau, er hatte ihn bei Lebzeiten mehrmals porträtiert und das charaktervolle Profilbild in einer Rötel- und einer Federzeichnung festgehalten.

Mendelssohn war klein und verwachsen. Auf dem untersetzten Körper, der auf der Darstellung von Chodowiecki so sehr gegenüber den strammen Grenadieren Friedrichs des Großen absticht, saß jedoch ein eindrucksvoller mächtiger Gelehrtenkopf. Die gewölbte Stirn verriet seltene Geistesgaben, die tief dunklen Augen kündeten Forschergeist und Herzensreinheit."[184]

Auch der Schriftsteller und Dramaturg Otto Zarek beschäftigt sich in seinem heute zu Unrecht vergessenen Mendelssohn-Roman mit unserem Blatt: „Das Bild zeigt", schreibt Zarek im Jahre 1936, „den riesigen Wachhabenden in seiner ehrfurchtgebietenden Paradeuniform, wie er halb belustigt, halb forschend und mißtrauisch auf den kleinen verwachsenen Juden herabsieht ... Chodowiecki hat sein Porträt nicht beschönigt, aber auch nicht verzerrt: die naturalistische Wiedergabe übt schon die Wirkung der Karikatur."[185]

Wir haben vor einigen Jahren gemeinsam mit Julius Schoeps die Arbeit von Strauß noch einmal herausgegeben. Der Reprint ist durch einen auf neuen historischen Quellen beruhenden Essay von Eva J. Engel erweitert.[186] Dieser Edition ist auch das Bild beigegeben, das in der Ausstellung „Jüdische Köpfe" zu sehen war.

Wir erwähnten bereits, daß Osborn diese Exposition ausführlich gewürdigt hat. Zum Schluß dieser Würdigung schrieb er, daß „diese Köpfe ... uns in ihrer konzentrierten Sprache mehr als dicke Bücher" geben. „Der Goethesche Satz hat auch heute seine Gültigkeit: ‚Mir scheint immer, die Gestalt eines Menschen ist der beste Text zu allem, was sich über ihn sagen und schreiben läßt.'"[187]

Noch eine weitere Ausstellung hat Erna Stein betreut, und zwar die „Frühjahrsausstellung Berliner jüdischer

31. Maimonides, aus Blasius Ugolinus, Thesaurus antiquitatum sacrarum

32. Dr. Irmgard Schüler (ca. 1938)

Künstler", die im Museum im Jahre 1935, ebenso wie die „Maimonides-Ausstellung"[188] und die Schau „Breslauer jüdische Maler in Berlin"[189], zu Gast war.

Zur Zeit der von der Künstlerhilfe im Mai 1935 organisierten Frühjahrsausstellung[190] war Erna Stein-Blumenthal nicht mehr Direktorin des Jüdischen Museums. Ihre Stelle hatte Prof. Dr. Franz Landsberger (1883–1964) eingenommen, der bis Anfang 1933 Ordinarius an der Breslauer Universität gewesen ist. Nach kurzer Tätigkeit an der Breslauer Kunstakademie kam er gegen Ende 1934 nach Berlin.[191] Ihm stand bis zum Jahre 1938 Dr. Irmgard Schüler, die gleichzeitig Bibliothekarin der Gemeindebibliothek war, zur Seite. Sie hatte, wie sie uns am 10. 7. 1982 schrieb, „als Jüdin ihre Stelle am Aachener Suermondt Museum verloren".

Am 11. 4. 1935 meldete die C.-V.-Zeitung unter der Überschrift „Das Berliner Jüdische Museum unter neuer Leitung", daß Rahel Wischnitzer-Bernstein und Prof. Dr. Franz Landsberger die Leitung des Museums übernommen hätten.[192] Das entspricht nicht ganz den Tatsachen: Rahel Wischnitzer war, wie sie selbst in ihrer autobiographischen Skizze „From my Archives" schreibt[193], wissenschaftlicher Beirat, das war ein Ehrenamt; Landsberger wurde Direktor.

Wie seine Vorgänger hat sich auch Landsberger mit konzeptionellen Problemen beschäftigt: In seinem heute weithin unbekannten, weil in Bibliographien nicht verzeichneten Artikel „Gibt es eine Eigenart in der jüdischen Kunst"[194] sucht Landsberger die Frage, die er sich selbst stellt, zu beantworten. Er führt aus, die Tatsache, daß jüdische Künstler in allen Epochen an den Stil ihrer Zeit und Umwelt anknüpfen, berechtige nicht dazu, die Existenz jüdischer Kunst zu bestreiten. Es komme vielmehr darauf an, festzustellen, ob unerachtet aller fremden Einflüsse eine unverwechselbar eigene Note sichtbar werde; „denn die Kunst ist wie kein anderes Gebiet menschlicher Tätigkeit ein Registrierapparat für die feinsten elektrischen Schwingungen".[195]

33. Dr. Franz Landsberger, 1934

34. Ephraim Mose Lilien

Der Verfasser geht nun den bedenklichen Weg, typische See-
lenregungen des (!) Juden an Werken der bildenden Kunst
ablesen zu wollen. Diese sehr anfechtbare theoretische Posi-
tion hatte für Landsbergers praktische Tätigkeit als Muse-
umsdirektor keine ersichtlichen Folgen. Wichtiger für die
Konzeption des Museums, und im Blick auf diese entstanden, ist seine „Einführung in die jüdische Kunst", die, bald
nachdem er die Leitung dieser Institution übernommen
hatte, erschien. Sein Anliegen formulierte der Verfasser im
Vorwort: „Möge ... dieses Buch, wie der jüdischen Kunst im
allgemeinen, so auch dem Jüdischen Museum in Berlin
neue Freunde zuführen."[196] Das Werk „ist als erste Einführung in die jüdische Kunst gedacht. Es möchte erkennen
lehren, inwieweit es jüdische Kunst, jüdische Künstler, eine
jüdische Eigenart gibt und gegeben hat."[197] Da das Schwer-
gewicht darauf gelegt wird, die Leser die Kunstwerke in
ihrer formalen Schönheit genießen zu lehren, „ist auf die
Auswahl und Qualität der Abbildungen besonderer Wert
gelegt, sind die meisten Stücke mit einer künstlerischen
Analyse bedacht worden".[198] Eben darum ist das Werk nicht
veraltet, sondern anregend und lesens- bzw. betrachtens-
wert geblieben.

Es gliedert sich in drei Teile: Der erste, „Jüdische Kunst",
behandelt Sakralbauten, Kultgegenstände und Stücke, die
zum jüdischen Leben gehören, so daß eine klare Abgren-
zung des Gebietes vorliegt. Das gilt auch für den zweiten
Teil, „Jüdische Künstler", in dem Werke vorgestellt werden,
deren Schöpfer Juden sind. Im nicht dominierenden letzten
Abschnitt, „Jüdischer Stil", erweist sich der Verfasser als sehr
vorsichtig: „Es ist nicht viel, was hier zur Kennzeichnung
einer jüdischen Kunst vorgebracht werden konnte. Und
selbst dieses Wenige möchte mit aller Zurückhaltung gesagt
sein."[199]

Deutlich grenzt Landsberger sich von nationalistischer
Einstellung ab, da ihm offensichtlich die für die in Deutschland lebenden Juden gefährliche Möglichkeit bewußt ist,

der Umwelt reaktiv ein jüdisch-chauvinistisches Gegenbild entgegenzustellen. „Sicherlich ist zu wünschen, daß jüdische Kunst ihre Eigenart noch stärker herausarbeitet. Und dies nicht nur um der Entfaltung jüdischen Wesens, sondern um der Freude an der Buntheit der Völker willen, von denen jedes einzelne einen eigenen Klang haben sollte, um in dem großen Orchester der Menschheit seinen Part spielen zu können. Doch sollte man sich hüten, diese ‚Jüdischkeit‘ bewußt zu verstärken, etwa durch die Wahl jüdischer Themen oder durch ein Kopieren altjüdischer Kunstwerke. Solches rein-intellektuelle Sich-Vornehmen des Eigenen ist für die Künstler eher abträglich, als fördernd.“[200]

Kurze Zeit nachdem Landsberger das Direktorat übernommen hatte – er trat seinen Posten am 1. Mai 1935 an –, gab er der C.-V.-Zeitung ein längeres Interview[201], in dem er sich zu seinen Plänen äußerte. Landsberger wandte sich an die „vielen jüdischen Famlilien“, die „heute ihren Wohnsitz in Deutschlands aufgeben“, mit der Bitte, „durch private Zuwendungen eine Erweiterung des Museums möglich“ zu machen.[202] „Nicht an die Fortziehenden allein“ wollte sich Landsberger wenden, „sondern auch an die jüdischen Gemeinden, die jetzt aufgelöst werden müssen, ihr Urkundenmaterial, ihre Kultgeräte dürften dem Museum wertvolle Bereicherung bringen.“[203] Landsberger, der schon im Jahre 1910 in Breslau einen Verein für jüdische Kunst gegründet hatte[204], setzt sich in seinem Interview auch für die Pflege moderner jüdischer Kunst ein. Seine „besondere Sorgfalt“ wollte der neue Direktor „dem Ausbau der Gemälde- und Plastiksammlung“ angedeihen lassen.[205]

Da der Etat des Museums „naturgemäß sehr klein“ war, kündigte Landsberger an, daß er die Künstler um Leihgaben bitten werde.[206] Abschließend teilt er mit, daß er sich bemühen wolle, das Kupferstich- und Fotoarchiv „zu einer Sammelstelle für alle wertvollen Illustrationen, die jüdische Dinge berühren“, zu entwickeln.[207] „Zur Verfolgung dieses Zieles“, erklärte Landsberger, „stehe ich in Verbindung mit anderen jüdischen Museen in der Welt, um auf dem Austauschwege neues Photomaterial ... zu erhalten."[208] Er teilte ferner mit, „daß das Museum ... auch die Zentrale für jüdische Lichtbilder ist. Es verleiht Lichtbilder zu Vortragszwekken nicht nur innerhalb Berlins, sondern auch für das ganze Reich."[209]

Wir sehen hierin eine gewisse Parallele zu Wanderbüchereien, die in dieser Zeit entstanden sind, wie z. B. jene, die der C.-V. dem „Bund deutsch-jüdischer Jugend" zur Verfügung gestellt hatte[210], sowie die Wanderbücherei des Preußischen Landesverbandes jüdischer Gemeinden, die seit dem Beginn des Jahres 1935 in Betrieb war[211] und deren Wirksamkeit wir an anderer Stelle behandelt haben, so daß hier darauf verwiesen werden kann.[212] Noch im selben Monat, in dem der neue Direktor Landsberger der C.-V.-Zeitung das hier ausführlich wiedergegebene Interview gewährte, stellte das Museum erstmals Neuerwerbungen aus[213], eine Praxis, die 1936 und 1937 wiederholt wurde.[214]

Im Jahre 1935, das dem Museum den 30 000sten Besucher brachte[215], fanden eine Reihe kleinerer Ausstellungen statt; wie z. B. eine Schau jemenitischen Schmucks[216] und eine Kultgeräteausstellung.[217] Erwähnenswert sind auch die Pottner- und die Lilienausstellung[218], die das Museum im Herbst veranstaltete. Der Keramiker, Maler, Zeichner und Grafiker Emil Pottner (geb. 1872; 1942 deportiert und nicht zurückgekehrt) ist wohl heute vergessen; Ephraim Mose Lilien (1874–1925), der Sohn eines Drechslermeisters aus Drohobycz (Bezirk Lemberg), ist hingegen in den letzten Jahren zu neuer Popularität gelangt: „Die Bedeutung Liliens", schrieb Ekkehard Hieronimus in den 70er Jahren, „liegt nicht in einem Künstlertum, das nur ästhetisch zu befriedigen vermag. Was ihn bemerkenswert macht, ist die Einführung neuer, bewußt jüdischer Elemente in die Kunst."[219]

Stefan Zweig, mit dem Lilien befreundet war, hat das erste Werkverzeichnis mit einer Einleitung versehen[220], wei-

92

tere Monographien über Lilien von anderen Autoren sind gefolgt.[221] In seinen Memoiren „Die Welt von gestern" hat der Schriftsteller dem Maler und Grafiker ein Denkmal gesetzt; in dem er – vielleicht nicht ganz frei von einer gewissen Gehässigkeit – schreibt: „In dem Zeichner E. M. Lilien ... begegnete ich zum erstenmal einem wirklichen Ostjuden und damit einem Judentum, das mir bisher in seiner Kraft, seinem zähen Fanatismus unbekannt gewesen."[222] In seinem Rückblick auf das Jahr 1935, in dem übrigens das Museum den Nachlaß des am 11. Januar verstorbenen Salli Kirschstein käuflich erwerben konnte[223], schreibt Landsberger zur Arbeit der von ihm geleiteten Institution: „So hat das Jüdische Museum ..., der veränderten Zeit entsprechend, sein Gesicht gewandelt. Ursprünglich nur eine Stätte wissenschaftlicher Forschung und ästhetischen Genusses, steht es heute, ohne diese Eigenschaften im mindesten aufgegeben zu haben, mitten im Strom des Lebens. Gewiß, es will erfreuen, aber zugleich dem von der Last unserer Tage Beschwerten eine Stunde lösender Vergessenheit schenken. Gewiß, es will der Wissenschaft dienen, aber zugleich dem Künstler, dem Schriftleiter, dem Vortragenden, dem Besitzer von Kunstwerken ratend und helfend zur Seite stehen."[224]

Wenn wir die Entwicklung des Museums in den Jahren 1936 und 1937 betrachten, in einer Zeit, in der sich die Bedingungen für die deutschen Juden immer mehr verschlechterten, so können wir feststellen, daß für die Tätigkeit dieser Institution der Berliner Jüdischen Gemeinde dasjenige Maxime war, was Ismar Elbogen in dem von ihm im Jahre 1937 nach langjähriger Pause herausgegebenen „Jahrbuch für jüdische Geschichte und Literatur" folgendermaßen formulierte: „Heute liegen die Dinge wieder anders, wir stehen neuen Kulturaufgaben gegenüber. Der jüdische Mensch will hören und lesen, was sein Leben, was seine Vergangenheit, was seine Lehre betrifft; neue Schriftsteller, neue Themen sprechen zu ihm. Das Jahrbuch muß aktuell sein, aus der Zeit heraus zur Zeit zu sprechen. Unser Jahrbuch bringt daher Beiträge über Altes und Junges, über Geschichte und Gegenwart, über Ost und West, aus Religion und Philosophie, Literatur und Kunst. Es ist ebenso vielseitig wie anregend, will belehren und unterhalten, vor allem aber an den jüdischen Gedanken heranführen, für ihn werben. Es ist das dreißigste in der Reihe, es wird von seiner Aufnahme abhängen, ob es der Abschluß der alten oder der Beginn einer neuen Reihe wird. Man ist versucht, an das Bibelwort zu denken: ‚Leben und Tod lege ich vor Dich – wähle das Leben‘!"[225]

Es ist uns nicht möglich, in diesem Zusammenhang alle Aktivitäten des Museums in jenen Jahren zu würdigen; wir wollen nur auf die wichtigsten eingehen. Um dennoch dem Leser die Vielfalt vor Augen zu führen, haben wir unserer Arbeit ein Verzeichnis aller Ausstellungen und der auf das Jüdische Museum bezüglichen Publikationen (sofern erreichbar) beigegeben. In jenen Jahren, in denen eine enorme Arbeit geleistet wurde, wirkten im Museum drei Wissenschaftler (Landsberger, Schüler, ehrenamtlich Rahel Wischnitzer) und ein Sekretär, Herr Schreiber[226], über dessen Schicksal wir nichts in Erfahrung bringen konnten.

Den Auftakt im Jahre 1936 bildete eine Ausstellung mit Werken zweier Nachwuchskünstler.[227] Dem Andenken Max Liebermanns war eine Schau im Februar gewidmet. Ein Jahr zuvor war der berühmte Maler gestorben, und einer der bekanntesten Berliner Rabbiner, Malvin Warschauer[228], hatte in der am Grabe gehaltenen Rede u. a. folgendes ausgeführt: „Jeder von uns fühlt es, wir nehmen Abschied von ihm als einer Gestalt, in der ein Stück Geschichte sich vollendet hatte, mit ihm versinkt gleichsam eine Welt, aus der so viel Wertvolles, Geliebtes, Trautes zu uns und in uns klingt. Das macht ihn uns doppelt ehrwürdig, Herz und Abschied doppelt schwer, und läßt es uns doch als eine Gnade preisen, daß er so leben, so seine Welt erleben durfte, wir sie in ihm miterleben und besitzen durften."[229]

„Die Berliner Jüdische Gemeinde hält es für ihre Ehren-pflicht", schreibt Landsberger im Gemeindeblatt, „am ersten Gedenktag des Hinscheidens von Max Liebermann eine Ausstellung seiner Kunst zu veranstalten."[230] Er führt weiter aus, daß es jetzt in die Hände der Jüdischen Gemeinde gelegt sei, „das Andenken an diesen ihren großen Sohn lebendig zu halten".[231]

Der Plan zu einer derartigen Ausstellung entstand, wie Osborn mitteilt, schon bald nach dem Tode des Malers.[232] Die Anregung zu dieser Schau hatte der Gemeindevorsit-zende Stahl, „der zum Kreise der Verehrer und persönlichen Freunde Liebermannns zählte", gegeben.[233] Die Ausstel-lungsgestaltung lag in den Händen von Franz Landsberger „unter der Mitwirkung des Liebermann-Kenners und -Bio-graphen Erich Hancke."[234]

Wie Irmgard Schüler im Februar 1937 schrieb, verzeich-nete die Ausstellung einen „Rekordbesuch von fast 6000 Besuchern".[235] Zu diesen gehörte auch Käthe Kollwitz, wie uns Karl Escher unterrichtet. In der Zeitschrift „Der Weg" teilt er im Jahre 1947 mit: „Ausdrücklich war es jedem Nichtjuden verboten, diese Ausstellung zu betreten, ein Befehl, der selbstverständlich streng befolgt wurde. Und doch kam eines Tages eine weißhaarige, märchenschöne Frau hocherhobenen Hauptes und schritt langsam, ernst, versonnen durch die Säle. Tränen schimmerten in ihren Augen. Wir, die wir sie erkannten, neigten uns tief vor ihr. Und das war Käthe Kollwitz, die herrliche Künstlerin, die das Leid aller Bedrückten und Entrechteten in ihre Brust genommen hatte, – auch unser Leid und unsere Qual . . ."[236]

Ob die Geschichte, die auch Schmalhausen zitiert hat,[237] wirklich stimmt, ist nicht zu beweisen, zumal Escher keine Quellen angibt. Auf keinen Fall aber ist es richtig, daß es Nichtjuden verboten war, das Jüdische Museum zu betreten. Das wäre nicht zu kontrollieren gewesen. Eine andere Frage allerdings ist es, ob Nichtjuden überhaupt den Wunsch hat-ten, die Ausstellungen des Jüdischen Museums zu besuchen.

Die Herausgeberin der Tagebücher von Käthe Kollwitz, ihre Enkelin Jutta Bohnke-Kollwitz, teilte uns auf unsere Frage, ob sie bestätigen könne, daß ihre Großmutter in der Ausstellung gewesen ist, folgendes mit: „Ich halte es ... für durchaus möglich, sogar wahrscheinlich, daß meine Großmutter die Liebermann-Ausstellung besucht hat. Sie verehrte ihn ja sehr, so sehr sie sich auch über ihn ärgern konnte, und sie war eine mutige Frau ...“ Einen wirklichen Beweis für den Kollwitz-Besuch in der Gedächtnisausstellung gibt es allerdings nicht, zumal die „Tagebucheintragungen nach 1933 ... sehr sporadisch“ sind.[238]

Über die Gedächtnis-Ausstellung hat die jüdische Presse ausführlich berichtet, ganz gleich welcher Richtung das jeweilige Blatt angehörte. So lesen wir z.B. in der Zeitschrift des Reichsbundes jüdischer Frontsoldaten: „Obwohl die großen Werke aus den Galerien fehlen, hinterläßt die Ausstellung einen überwältigenden Eindruck; sie gibt einen bedeutenden Einblick in die Werkstatt des Malers, denn es sind sehr viele Studien zu den bekannten Werken ausgestellt (Münchener Biergarten, Flachsscheuer, Netzeflickerinnen, Spitzenklöpplerinnen usw.) ... Die Ausstellung vermittelt auch einen Überblick über die verschiedenen Stadien der Entwicklung ... Selten hat eine Ausstellung den Beschauer derart gefesselt ...“[239]

Die nichtjüdische deutsche Presse schwieg. Interessant ist, daß die Neue Zürcher Zeitung die Ausstellung auf der ersten Seite besprach, ja sie genauestens beschrieb.

Ausführlich geht die Neue Zürcher Zeitung z.B. auf die Selbstporträts der Ausstellung ein: „Die lange Reihe der bekannten Selbstbildnisse wird ... durch die beiden letzten Arbeiten aus den Jahren 1928 und 1933 abgeschlossen. Immer wieder sehen wir den Künstler in diesen Selbstporträts in seiner zielbewußten Überlegenheit mit einem Zug von Selbstzufriedenheit und Sarkasmus. Das Bild aus dem Jahr 1928 ist noch nicht ganz frei davon. Aber das letzte dringt zu einer Reife und Läuterung durch, die es weit über alle früheren erhebt. Der schmerzvolle Ausdruck voll tiefster Lebenserkenntnis in diesem großen Altersbild läßt den heiligen Ernst an der Schwelle des Todes verspüren."[240]

Der Artikel kommt zu folgendem Schluß: „Die Ausstellung zeigt, was Liebermann als künstlerische Persönlichkeit mehr programmatisch als urschöpferisch in der deutschen Kunst der letzten sechzig Jahre bedeutet. Sie zeigt ihn aber trotzdem nicht als Theoretiker oder Führer der Berliner, ja deutschen Künstlerschaft, deren jahrzehntelang gefeierter Mittelpunkt er war, sondern in seinem unmittelbarsten Künstlertum, das getragen ist von menschlicher Empfindung, malerischer Auffassung und klarem Formbewußtsein."

Allerdings muß auch dieser Artikel in Hinblick auf eine Ausstellung zum 80. Geburtstag im Jahre 1927 konstatieren: „Gemessen an der vor Jahren für den Präsidenten der Akademie der Künste in Berlin ... veranstalteten Ausstellung ist es eine wenig umfangreiche Schau."

Der 22. März war, wie in der C.-V.-Zeitung vom 19. März (1. Beiblatt) zu lesen, der „unwiderruflich ... letzte Besuchstag der Liebermann-Gedächtnis-Ausstellung". Danach blieb das Museum für eine Woche geschlossen.

Die nächste Sonderausstellung, die das Museum im Herbst zeigte, galt dem Gedenken des am 26. März 1926 im Alter von nur 53 Jahren verstorbenen Berliner Malers Max Fabian.[241] „Es ist mehr als ein Akt der Pietät", schreibt Landsberger im Ausstellungskatalog, „wenn wir das Schaffen dieses Künstlers ins Gedächtnis zurückrufen."[242] Seine Begabung, von den Eltern ignoriert, hatte der Historienmaler Anton von Werner (1843–1915) erkannt; er hat „den jungen Fabian ... in den erlauchten Kreis der Akademie aufgenommen".[243] Über sich selbst soll Fabian einmal scherzhaft gesagt haben, „seine drei besten Kunstwerke seien seine Kinder".[244]

Es sei angemerkt, daß der Katalog der Fabian-Ausstellung auf der letzten Seite den Vermerk enthält, daß „Auskunft

GEDÄCHTNIS-AUSSTELLUNG

MAX FABIAN

ZUR ERINNERUNG AN DEN TODESTAG

26. MÄRZ 1926

VOM 20. SEPTEMBER BIS 18. OKTOBER 1936
GEÖFFNET: TÄGLICH, AUSSER SONNABEND, VON 10—14 UHR

35. Titelblatt des Kataloges der „Gedächtnis-Ausstellung Max Fabian"

über den Verkauf an der... Kasse erteilt" werde. Es ist der einzige Hinweis darauf, daß es sich bei dieser Ausstellung zumindest teilweise um eine Verkaufsausstellung gehandelt hat, eine Praxis, die uns bei keiner anderen Ausstellung des Jüdischen Museums begegnet ist.

Einige der im Katalog genannten Kunstwerke befinden sich noch heute im Besitz der Familie Fabian.[245]

Während in den Jahren 1935 und 1937 Berliner jüdische Künstler jeweils im Frühjahr im Museum zu Gast waren[246], fand vom 26. April bis zum 7. Juni 1936 in den Räumen des Museums eine „Reichsausstellung jüdischer Künstler", unter Ausschluß der Berliner Künstler, statt.[247] „Die große Frühjahrsschau", schrieb Osborn im Gemeindeblatt, „stellt sich als ein Dokument des Gemeinsinns dar, mit dem heute die jüdischen Organisationen die Interessen der Judenschaft in ganz Deutschland betreuen. Nur so war es möglich, daß man einmal die gesamte, im Reich verstreute jüdische Künstlerschaft nach Berlin zu Gaste laden konnte, daß ihre Berliner Kollegen ihnen in echtem Gefühl der Zusammengehörigkeit und Schicksalsverbundenheit hierzu die Säle des Museums... bereitwillig überließen. Zum ersten Mal erhalten wir einen Überblick über die ringsum vorhandenen Kräfte."[248]

Zu dem 151 Nummern umfassenden Katalog hat der Präsident der Reichsvertretung der Juden in Deutschland, Leo Baeck, ein Geleitwort geschrieben; das Vorwort stammt von Max Osborn und Lisbet Cassirer.[249]

In seinem Aufsatz und Aufruf „Schafft jüdische Kunstwerke!" konstatiert Landsberger: „Wer die Berliner Jüdische Ausstellung 1935, wer die Reichsausstellung dieses Jahres gesehen hat, der mußte feststellen..., daß alle Gattungen künstlerischen Schaffens, Landschaft, Porträt, Interieur usw. vertreten waren, dagegen Werke mit jüdischen Inhalten bis auf wenige Ausnahmen fehlten."[250]

Die bedeutendste Schau des Jahres 1936 war ohne Zweifel die Ausstellung „Unsere Ahnen", die Franz Landsberger

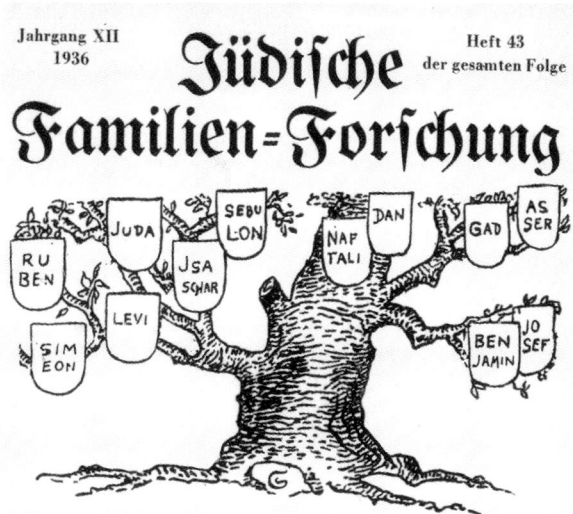

Jahrgang XII
1936

Heft 43
der gesamten Folge

Jüdische Familien=Forschung

SONDERNUMMER

anläßlich der Ausstellung

„UNSERE AHNEN"

veranstaltet vom

JÜDISCHEN MUSEUM BERLIN

in Gemeinschaft mit dem Gesamtarchiv der
Juden in Deutschland u. unserer Gesellschaft

Berlin Oranienburger Straße 31 — November 1936

Schriftleitung: Dr. Arthur Czellitzer, Berlin W 35, Lützowstr. 60. Druck: Paul Brandel, Berlin SO 16

36. Titelblatt des Kataloges der Ausstellung „Unsere Ahnen"

37. *August Ferdinand Hopfgarten: Bildnis des Kattunfabrikanten Alexander Goldschmidt mit seiner Familie*

38. *Julius Jakob, Bildnis seiner Mutter Rahel, 1855; beide Bilder gezeigt in der Ausstellung „Unsere Ahnen"*

am 8. November 1936 eröffnen konnte. Er informiert uns: „Träger der Ansstellung ist das Jüdische Museum im harmonischen Zusammenwirken mit der Gesellschaft für jüdische Familienforschung und dem Gesamtarchiv der Juden in Deutschland. Diesen drei Organisationen schwebte das gleiche Ziel vor: den jüdischen Menschen der Vergangenheit lebendig werden zu lassen."[251]

Wir führen die Wahl der Thematik nicht nur darauf zurück, daß Ahnenforschung in der Nazizeit gefragt war, etwa so: Die Arier erforschen ihre Stammbäume; das machen wir nun auch. Vielmehr sollte die Beschäftigung mit der eigenen Geschichte im großen wie im kleinen zum Stolz auf die eigene Vergangenheit verhelfen und zur Stärkung des Selbstgefühls beitragen. Das Erforschen der Familiengeschichte, die ja Teil des gesamthistorischen Prozesses ist, sollte bei dem, der sich damit befaßt, zu einer Einsicht führen, die ihm Trost und Hoffnung geben konnte, nämlich daß Verfolgungen nichts Neues sind und es immer Überlebende gegeben hat. Eine solche Beschäftigung verhalf zur Findung der jüdischen Identität, von der damals viel geredet wurde.

In seiner Eröffnungsrede führte Arthur Czellitzer, der Gründer und Vorsitzende der Gesellschaft für jüdische Familienforschung, aus: „Ob unser Unternehmen in früherer Zeit möglich gewesen wäre, ob wir damals bei Gründung der Gesellschaft ... dieselbe Resonanz gefunden hätten, ist zweifelhaft."[252]

Das Interesse an Familienforschung ist bei Juden sehr viel später erwacht als bei Nichtjuden. Zwar war man stolz auf *einzelne* berühmte Ahnen und sonnte sich in ihrem Ruhm – es gab eine Art Gelehrtenadel –; komplette Aszendenz- oder Deszendenztafeln aber interessierten kaum. Man zog von Ort zu Ort und sah zu, daß man leben konnte. Überdies ist bloßes laienhaftes Interesse an jüdischer Familienforschung nicht ausreichend und führt zu keinem Erfolg. Die Quellenlage ist bei den Juden anders und schwieriger als bei

Christen, da die wichtigste und sicherste Quelle, nämlich Kirchenbücher, fehlt. Statt dessen müssen Grabsteine, Beschneidungsbücher und andere Dokumente ausgewertet werden, Quellen, die mitunter allein sprachlich nicht leicht zu erschließen sind. Weiter wirkt erschwerend, daß Familiennamen erst relativ spät eingeführt wurden.

Es ist das Verdienst des Augenarztes Arthur Czellitzer, des Gründers und Vorsitzenden des Vereins für jüdische Familienforschung, und des Schriftführers des Vereins, Ernst Wolff, wissenschaftliche Methoden der jüdischen Familienforschung gelehrt und propagiert zu haben:

1. Es geht nicht um den „Jichus", d. h. das Auffinden berühmter Einzelpersonen, sondern um Vollständigkeit.

2. Durch die Beschäftigung mit der Familiengeschichte sollen gesamthistorische Prozesse, soziologische Fragen usw. sichtbar gemacht werden.

3. Die Technik, wie man Ahnentafeln aufstellt, muß beherrscht werden. Es kommt weniger auf kunstvoll gestaltete Stammbäume an, als vielmehr auf die Klarheit und Vollständigkeit der Tafeln.

Wichtige Hilfsmittel, die Forderungen Czellitzers und Wolffs den Vereinsmitgliedern nahezubringen, waren die Zeitschrift des Vereins und sein Archiv. Die Zeitschrift „Jüdische Familienforschung" erschien seit der Gründung der Gesellschaft 1924 bis zu ihrem Verbot 1938. Czellitzer (geb. 1871, deportiert 1943 und nicht zurückgekehrt) hat das bedeutende Archiv mit in die Emigration, in die Niederlande, retten können; es ist „vermutlich im Krieg zerstört" worden.[253] Daß das Museum die Anregung von Czellitzer zu einer familiengeschichtlichen Ausstellung aufgriff, hatte auch den Grund, daß es, wie Landsberger mitteilte, „seit kurzem mit... Ahnenbildern vielfach befaßt wird".[254] Landsberger führte weiter aus: „Die Verkleinerung oder Auflösung jüdischer Haushalte hat ja das Problem der Unterbringung solcher Bilder heraufbeschworen, die bei aller Pietät wegen Raummangels von den Wänden verschwinden müssen. Gerade diese Pietät ließ die Besitzer solcher Bilder an das Museum herantreten mit der Bitte, ihnen Unterkunft und Pflege zu gewähren. Nicht alle solcher ‚Ahnen‘ können aufgenommen werden, weil eine gewisse Qualitätsforderung auch hier gestellt werden muß. Immerhin gelang es auf diese Weise, wesentliche Stücke vor der ihnen drohenden Vernichtung zu retten.“[255]

Der Gesellschaft für jüdische Familienforschung verdanken wir den Katalog der Ausstellung, der als 43. Heft ihrer Zeitschrift erschien.[256] Sowohl Czellitzer als auch Landsberger haben einen kurzen Vorspann geschrieben, den wir hier wiedergeben wollen, denn darin wird klar ausgedrückt, was die Ausstellung wollte, die nicht nur Porträts, sondern auch einige Ahnentafeln und Dokumente[257] zeigte.

„Die Bilder unserer Ahnen sind ein getreuer Spiegel, in dem wir unser eigenes Ich in seinem Kern, in seinen wesentlichen Zügen erkennen. Wir verstehen, was wir sind, wenn wir begreifen, wie wir wurden. Arthur Czellitzer“

„Im Auftrage jüdischer Familien sind künstlerisch wertvolle Ahnenbilder entstanden. Jüdische Porträtisten haben sich in erheblichem Maße an diesen Aufgaben beteiligt. So erfährt durch die Ausstellung unser Wissen um jüdische Kunst – bisher ein Stiefkind der Forschung – eine bedeutsame Erweiterung. Franz Landsberger“[258]

Eines der ausgestellten Gemälde zeigte Pincus Pappenheim (1737–1807)[259], so genannt nach dem Herkunftsort Pappenheim in Mittelfranken. Er wurde der erste Träger des Namens Mühsam. Der Katalog weist auf diese Identität hin.[260] Auf welche seltsame Weise die Familie zu diesem Namen gekommen sein soll, berichtet Paul Mühsam in seinen Memoiren[261]; wie er schreibt, war er ein Vetter von Erich Mühsam (1878–1934, im KZ ermordet), dem bekannten Dichter und Politiker. Der Verfasser der Memoiren kann sich auf eine ausführliche Darstellung stützen: 1912 erschien (bereits in zweiter Auflage) die „Geschichte des Namens Mühsam“.[262] Diese Schrift, die auch Genealogien enthielt, wurde nicht öffentlich vertrieben, sondern nur den Mitgliedern des Familienvereins überreicht. Der Autor publiziert aussagekräftige Akten, greift aber auch auf mündliche Familientradition zurück. Die zitierten Akten zeigen den Verzweiflungskampf Pappenheims mit lokalen Behörden, die sich sträuben, ihm die Niederlassung in der kleinen schlesischen Stadt Pitschen zu gestatten, wo er ein Grundstück gekauft und ein Haus gebaut hatte, um darin einen Kramladen zu betreiben. Weil die Bürger aus Konkurrenzangst gegen ihn gehetzt hatten, wurde er schikanös behandelt. Pappenheim gab nicht so leicht auf, sondern wandte sich an Friedrich II. um Hilfe in seiner Angelegenheit.

Daß der Jude es wagen durfte, nach Berlin zu wandern und den König von Preußen um eine Audienz zu bitten, beruht auf einer Geschichte, die nicht schriftlich dokumentiert ist, sondern in der Familie von Generation zu Generation weitererzählt wurde: Als sehr junger Freiwilliger im Siebenjährigen Krieg hatte Pappenheim in der Schlacht bei Leuthen unter Einsatz seines Lebens einen verwundeten Offizier aus dem Schlachtgetümmel gerettet, war daraufhin dem König vorgestellt, zum Korporal befördert und überdies ermuntert worden, sich in Notlagen an ihn zu wenden. Davon machte Pappenheim nun Gebrauch. Der König erinnerte sich des Heldenstücks und versprach Abhilfe. Nachdem eine Kabinettsorder Friedrichs II. an der ablehnenden Haltung der zuständigen Behörden nichts geändert hatte, beschwerte sich Pappenheim erneut beim König, der nun energisch durchgriff, so daß dem Bittsteller sein volles Recht wurde. Bei der zweiten Audienz lobte der König „die Ausdauer und das Rechtsbewußtsein des Mannes ...", alles, was der Bittsteller bisher unternommen habe, sei *mühsam* gewesen. *Mühsam* habe er sich sein Recht erstreiten müssen, und *mühsam* sei die lobenswerte Tat bei Leuthen gewesen. Diese sei ihm unvergessen, und der König habe das Bedürfnis, seiner Gnade einen bleibenden Ausdruck zu geben, und so befehle er, daß der eines eigentlichen Familiennamens noch entbehrende Pincus Seligmann Pappenheim fortan den Namen *Mühsam* zu führen habe."[263]

Nachprüfbar ist diese Geschichte nicht. Es fällt nur auf, daß in jener Zeit Juden ja noch gar nicht gezwungen waren, feste Familiennamen anzunehmen, außerdem mutet „Mühsam" eher wie ein Spottname an.

Viele der ausgestellten Porträts gewährten kulturgeschichtliche Aufschlüsse, die ihren publizistischen Niederschlag fanden. All dem kann hier nicht nachgegangen werden, jedoch ist auf eine Merkwürdigkeit aufmerksam zu machen, der bisher keine Beachtung geschenkt wurde: Der Katalog verzeichnet ein Porträtbildnis der Johanna Goldschmidt geb. Pick (1781–1853)[264] mit der Hinzufügung, sie sei das Urbild von „Jettchen Gebert" gewesen. Wer das ist, wurde als bekannt vorausgesetzt. Es handelt sich um die Titelheldin eines Romans von Georg Hermann (1871–1943 in Auschwitz ermordet), der den Namen Henriette (Jettchen) Gebert aus seinem Bekanntenkreis nahm.[265] Inwieweit sich die Fabel am Modell der Jettchen Gebert orientiert, wie der Katalog schreibt, können wir nicht entscheiden. Der Verfasser des Kataloges, Albert J. Phiebig, kann sich nicht mehr erinnern, woher seine Information stammte, wie er in einem Brief an uns vom 26. 1. 1983 mitteilte. Die Gräber beider Frauen befinden sich auf dem nach wie vor bestehenden und instand gehaltenen alten jüdischen Friedhof in der Berliner Schönhauser Allee. In einer ausführlichen Kritik der Ausstellung erwähnt Osborn „das vorzügliche Bildnis von Ludwig Lesser…, dem Sekretär der Gesellschaft der Freunde, die bei ihrer Auflösung manches belangvolle Stück aus ihrer Galerie dem Jüdischen Museum übergab."[266] Aus dieser Bemerkung erfahren wir etwas über das Ende der Gesellschaft der Freunde, die bereits oben erwähnt worden war.

Die Ausstellung wurde von 4 219 Personen besucht.[267] Wie wir aus der Autobiographie von Rahel Wischnitzer entnehmen, war einer der Besucher der spätere Verantwortliche für die sogenannte „Endlösung der Judenfrage" Adolf Eich-mann.[268] Er dürfte aus anderen Motiven die Ausstellung aufgesucht haben als die übrigen Besucher.

Das Jüdische Museum bemühte sich um ein abwechs-lungsreiches Ausstellungsprogramm. Einen ganz anderen Charakter hatte eine im März 1937 gezeigte Schau, „in der man einen Überblick über ein Grenzgebiet künstlerischen Schaffens, über die Betätigung jüdischer Plakatkünstler gewinnt... Im Jüdischen Museum sind an den Wänden alle die Originale zu studieren, die auch den ausgesprochen Ber-liner Plakatstil dokumentieren: Jüdische Maler wie Edmund Edel, Julius Klinger..., Paul Leni, E. M. Lilien, Josef Oppen-heimer, Max Oppenheimer (Mopp), Orlik, Julie Wolfthorn und sehr viele andere zeigen ihre witzige und schlagkräftige Art... Fragen kulturgeschichtlicher, reklametechnischer und wirtschaftlicher Art finden in den vielen Plakaten, die Dr. Hans Sachs in einer fast 40jährigen Sammeltätigkeit ver-einte, ihren Niederschlag."[269] Dieser Hans Sachs hatte aus seiner wohl einzigartigen Privatsammlung von 12 000 Blät-tern, über die er im Kulturbund auch einen Vortrag gehal-ten hatte, eine Auswahl nach ästhetischen Kriterien getrof-fen und die Stücke dem Museum als Grundstock für die Ausstellung zur Verfügung gestellt.[270]

Aus Archivmaterialien geht hervor, daß Dr. Hans Sachs in einem an den Philo Verlag gerichteten Brief vom 9. Februar 1936 anbot, für die nächste Auflage des Philo-Lexikons einen Artikel über Gebrauchsgrafik zu verfassen.[271] In einem genau eine Woche vorher an denselben Adressaten gerichteten Brief brachte er zum Ausdruck, er wolle in dem Lexikon nicht als prominenter Zahnarzt aufgeführt werden, da sein Vater auf dem Gebiet der Zahnheilkunde unver-gleichlich bedeutender gewesen sei. „Beim Stichwort Samm-lungen verdienen vielleicht meine beiden großen weltbe-rühmten Sammlungen eine kurze Erwähnung und zwar: 1. die einzig existierende Sammlung von über 100 Zahnsto-chern aus zwei Jahrtausenden, die ich vor vier Jahren dem

Deutschen Zahnärztehaus vermachte, und 2. die Sammlung künstlerischer Plakate, die mit ihren 12 000 Blättern die weitaus größte der Welt darstellt. (Ich erhielt für eine kleine Teilausstellung dieser Sammlung im Jahre 1914 auf der Bugra-Ausstellung in Leipzig die große goldene Medaille der Stadt.)"[272]

Am 7. Februar 1937 druckte das Berliner Gemeindeblatt auszugsweise ein von Dr. Alfred Klee unterzeichnetes Schreiben des Preußischen Landesverbandes, das allen Mitgliedsgemeinden und den Gemeinden der ihm angeschlossenen Verbände zugegangen war: „In diesem Jahre 1937 – das genaue Datum. ist nicht überliefert – jährte sich zum 500. Male der Geburtstag Don Isaac Abravanels. Wir bitten, daß man überall in unseren Gemeinden – empfinden wir doch heute mehr als je das Bedürfnis, uns die großen Persönlichkeiten unserer Gemeinschaft zu Vorbildern zu nehmen – das Gedenken dieses Mannes feiert. Die religiöse Persönlichkeit, der Religionsphilosoph, aber vor allem der wirkende Mensch und große Charakter sollen lebendig vor uns stehen. In allen unseren Gemeinden soll Veranlassung genommen werden, Don Isaac Abravanels zu gedenken.

Da das Datum seiner Geburt nicht feststeht, können die Veranstaltungen zu jeder Zeit in diesem Jahr abgehalten werden; wir möchten der Vereinheitlichung wegen die Zeit um das Pessachfest in Vorschlag bringen."[273]

Die Gemeinden sind dieser Aufforderung freudig gefolgt; die jüdische Presse nahm von dem Jubiläum Notiz und ehrte Abravanel[274] durch ausführliche Artikel über sein Leben und Wirken.[275] Abraham Heschel verfaßte eine Monographie, die unter dem Titel „Don Jizchak Abravanel" 1937 im Reiß-Verlag Berlin erschien. Das Aufbringungswerk der Jüdischen Gemeinde zu Berlin brachte eine Medaille heraus, die der Bildhauer Walter Cohn geschaffen hatte.[276] „Sie bringt auf der Vorderseite Abravanels Bildnis, seinen Namen in hebräischer und lateinischer Schrift sowie die Jahreszahlen 1437 und 1937; auf der Rückseite befindet sich ein Wappen mit den hebräischen Jahreszahlen ... in der Mitte und den Widmungsworten ,dem Helfer seines Volkes – dem weisen, gläubigen Juden'. Umrahmt werden Wappen und Inschriften von den Worten: Aufbringungswerk der Jüdischen Gemeinde Berlin und einer Würdigung Abravanels in hebräischer Sprache: ...,dem vollkommenen Weisen, dem großen Philosophen und dem Führer in Israel'."[277]

Das erste Exemplar dieser Medaille erhielt der Vorsitzende der Jüdischen Gemeinde, Direktor Heinrich Stahl. Das von dem Gemeinderabbiner Dr. Martin Salomonski unterzeichnete Übereignungsschreiben erweist mit aller Deutlichkeit, was in dem Rundbrief von Klee bereits angedeutet ist, nämlich worin Sinn und Zweck der Jubiläumsfeierlichkeiten bestehen sollen: die Aktualität von Geschichte begreifen zu lehren, die Parallelen zur Gegenwart zu zeigen und dadurch Mut und Hoffnung zu fördern, den Stolz auf die Großen des Volkes in vergangenen Zeiten zu wecken, damit das eigene Selbstbewußtsein gestützt werde, kurz, *Widerstandswillen* und *Widerstandskraft* der Verfolgten zu stärken. Der Text lautet: „Sehr verehrter Herr Direktor, hierdurch erlaube ich mir, Ihnen im Einverständnis mit meinen Amtskollegen das erste Exemplar der neuen Plakette zum Andenken an Don Isaac Abravanel zu überreichen, da der Vergleich zwischen dem Empfänger und dem durch die Plakette Geehrten nahe genug liegt. In sehr schwerer Zeit stand Abravanel an der Spitze seiner Gemeinschaft, weil er der Würdigste war. Mutig und aufopfernd, als Mann der Tat und mit dem Einsatz seines Könnens hat er die Juden nicht nur vertreten, sondern auch, als sie schließlich aus Spanien und Portugal weichen mußten, ihre Wanderung in neue Lebensbezirke glücklich durchgeführt. Eine ähnliche Aufgabe ist Ihnen beschieden."[278]

Von der Gesinnung, die dieser Brief zeigt, war auch die vom Museum veranstaltete Gedenkausstellung getragen. Über die Eröffnung berichtet Olga Bloch in der C.-V.-Zeitung: „Vor zahlreichen Gästen fand am 13. Juni die Eröff-

nung der Abravanel-Ausstellung im Berliner Gemeinde-
museum statt. Die Ansprachen von Direktor Heinrich Stahl,
Dr. Rahel Wischnitzer-Bernstein und Rabbiner Dr. Max
Wiener betonten die künstlerische und die menschliche
Weite dieses führenden Geistes, dessen humanistische,
allem Musischen und Toratreuen aufgetane Gesinnung den
Weg in unsere Gegenwart hinein gefunden hat. So ist diese
Ausstellung mehr als eine Jubiläumsfeier, sie ist Rückblick
und Ausblick zugleich, Ehrung des Gelehrten und des Men-
schen Abravanel, dessen Initiative die Zeitgenossen zu
Dank verpflichtet waren. In enger Zusammenarbeit mit der
Bibliothek der Jüdischen Gemeinde hat Rahel Wischnitzer-
Bernstein diese Schau organisiert. Denen, die sie mit Rat
und Tat unterstützten, Dr. Pessen, Professor Dr. Ismar Elbogen, Dr. Arthur Spanier und Dr. Josef Fried, muß an dieser
Stelle gedankt werden. Das Gezeigte gibt im Verein mit der
klaren Beschriftung, der historischen wie künstlerischen
Pointierung der ausgestellten Photos, Bildnisstiche, bibliophilen Werke einen wirklichen Überblick über das Wirken
dieses humanistischen Geistes."[279]

Eine weitere wichtige Information ist dem Bericht über
die Eröffnung von Irmgard Schüler zu entnehmen: Der
Museumsdezernent, Rechtsanwalt Dr. Alfred Klee, „dessen
Anregung die Abravanel-Ausstellung zu verdanken ist",
konnte wegen einer Erkrankung an der Feierlichkeit nicht
teilnehmen.[280]

Sowohl die Ausstellung als auch der Katalog – verfaßt von
Wischnitzer zusammen mit Dr. Josef Fried, der die Buch-
werke bearbeitet hat – fanden große Beachtung und Aner-
kennung. Dem Katalog sind Geleitworte von Klee und
Wischnitzer vorangestellt. Klee betont, „welche symbolhafte
Bedeutung das Leben dieses Mannes hat. Er steht am Ende
der großen, so viele hervorragende Namen aufweisenden
spanischen Epoche. Er ist nach einer glänzenden Laufbahn
am portugiesischen und kastilianischen Hof der Führer seiner Generation im Schicksalsjahre 1492. Die Wanderung

der spanischen Juden verschlägt ihn wie so viele in die Städte und Staaten Italiens, wo er gestorben ist."[281]

Wischnitzer bringt zum Ausdruck, daß die Ausstellung den Betrachtern zu ästhetischen Erlebnissen verhelfen soll, darüber hinaus aber zur Kenntnis historischer Zusammenhänge. Sie schreibt im Vorspann zum Katalog: Die Ausstellung will „etwas von den geschmacklichen Werten vermitteln, die die älteren Abravanel-Buchausgaben zu überliefern vermögen, jene mit Holzschnitten und Kupferstichen ausgeschmückten, durch wohlabgewogene Satzordnung und schön geschnittene Typen ausgezeichnet, zum Teil nur noch in seltenen Exemplaren erhaltenen Drucke. Die editio princeps eines Giustiniani, eines Di Gara oder Tobias Foa aus dem 16. Jahrhundert führt uns gar in die lebendige Nähe des Don Jizchaq ... Und dies ist Aufgabe der Ausstellung: in die Welt der Abrabanel über das Buch hinaus vorzudringen. Wie aufschlußreich wäre da ein Porträt Don Jizchaqs gewesen. Das überlieferte Bildnis ist leider nicht authentisch."[282]

Auch Gegenstände aus dem Besitz Abravanels sind nicht erhalten. Wie es trotzdem möglich war, eine eindrucksvolle Ausstellung zu arrangieren – und darin liegt die einhellig gelobte Leistung –, sagt Wischnitzer in einem Artikel im Gemeindeblatt, nachdem sie auf den hohen Wert der in Vitrinen gezeigten Bücher hingewiesen hat: „Jedoch hat das Jüdische Museum seine Aufgabe nicht bloß darin gesehen, eine Buchausstellung nach künstlerischen Gesichtspunkten aufzubauen (in diesem Bestreben ging es allerdings so weit, zu Gunsten der Qualität und der Wirkung auf Vollständigkeit zu verzichten) –, das Museum unternahm es, über das literarische Werk hinaus die Zeit der Abrabanel in ihren hervorragenden Gestalten und wesentlichen Leistungen zu verlebendigen. Und so ist die Ausstellung für manchen Betrachter wohl in erster Linie eine Bilderausstellung. Durch das Bild kann der Augenmensch eher ein Verhältnis zur geistigen Welt der Abrabanel gewinnen, die ihm sonst wohl verschlossen bleiben müßte.

Bei der Auswahl der Bilder wurde nicht etwa eine allgemeine Charakterisierung der Zeit angestrebt, sondern vielmehr an eine Darstellung der Personen gedacht, die in die Lebensschicksale der Juden aus der Umgebung der Abrabanel tatsächlich eingegriffen haben. Hineingestellt in die Atmosphäre der italienischen Städte der Renaissance, wirken neben Don Jizchaq Abrabanel, seinem Bruder Jakob, dem Vorsteher der Sefardengemeinde in Neapel, neben seinen drei Söhnen, Leone und Josef, den Ärzten, Samuel, dem Bankier und Literaturmäzen, jüdische Goldschmiede, Töpfer, Tänzer und Erzieherinnen, Schriftsteller, Übersetzer, Schauspieler und wieder Ärzte in überragender Zahl. Bildnisse von Juden treten in Erscheinung. Es sind nicht etwa Karikaturen oder biblische Phantasiegestalten, sondern wirkliche Porträts z.T. historisch gesicherter Persönlichkeiten, wie das Porträt der Donna Gracia Nassi aus dem Jahre 1528 auf einer Medaille. Die jüdischen Ärztebildnisse treten später auf, wir haben da Amatus Lusitanus, Josef Delmedigo, Efraim Bueno. Diese Männer stehen alle in irgendeinem Verhältnis zu den Abrabanel, deren Geschlecht im Zuge der sefardischen Wanderung bis nach der Türkei und im Norden bis nach Holland und England vordrang. Die Etappen dieser Wanderung lassen sich an Bildnissen ablesen."[283] In besonderem Maße wurde das Augenmerk auf den ebenfalls bedeutenden Sohn des Staatsmannes und Theologen, Jehuda, gelenkt, dem wir nicht nur hebräische Poesie verdanken, sondern der auch unter dem Namen Leone Ebreo in die italienische Renaissanceliteratur und -philosophie eingegangen ist. Spätere Nachkommen bis zum Ende des vorigen Jahrhunderts wurden ebenfalls berücksichtigt, so z.B. der Sanitätsrat Dr. Eduard Abarbanell (1818–1865). Auch sein Grabstein befindet sich übrigens auf dem Friedhof Schönhauser Allee in Berlin. Über Eduard Abarbanell schrieb Kastan: Er war „von der Würde seines Namens durchdrungen" und „stolz auf seine ruhmreiche Herkunft, denn er leitete seine Abstammung in direkter Linie von dem großen jüdisch spanischen Gelehrten, Bibelexegeten und Staatsmann Don Isaak Abrabanell ab."[284]

Auch seiner Tochter Jeannette, verehelichte Schwerin, die bis zu ihrem Tod (1899) in Berlin lebte und soziale Einrichtungen geschaffen hat, wurde gedacht: Helene Lange, eine Vorkämpferin der deutschen Frauenbewegung, hat eine Gedächtnisschrift herausgegeben, und auch dieses Buch ist in die Ausstellung aufgenommen worden.[285]

Die Schau, bei der ein laufendes Schriftband die kulturhistorischen Zusammenhänge erläuterte und kunstgeschichtliche Analysen bot, war laut Katalog in zwei Abteilungen gegliedert: Bücher und Bilder. Aufgelockert und ergänzt wurde die Ausstellung durch Kultgerät der Zeit aus den Beständen des Museums und einen von Wischnitzer entworfenen Stammbaum der Familie Abravanel. Für die Bilderabteilung wurde die Möglichkeit der fotografischen Reproduktion genutzt. Dadurch konnte die Konzeption durchgeführt und der Zufall der Beschaffbarkeit von Ausstellungsstücken ausgeschaltet werden. Neben Porträtbildnissen – z. B. von König Alfonso V. von Portugal, in dessen Dienst Abravanel gestanden hatte – und Fotoreproduktionen von Plastiken sowie Dokumenten bildeten die Abbildungen aus hebräischen illuminierten Handschriften spanischer Herkunft (13.–15. Jahrhundert) und italienischer Provenienz besondere Gruppen. Als Beispiel für Originale von besonderem Wert ist auf zwei illuminierte Pergamenthandschriften aus Spanien hinzuweisen, Leihgaben der Gemeindebibliothek und der Lehranstalt für die Wissenschaft des Judentums.

Die Ausstellung hat in starkem Maße Interesse für den sefardischen Kulturkreis geweckt. Sie erscheine „wie eine kleine Sefardeninsel", teilt Wischnitzer den in Hamburg lebenden Juden mit.[286] Durch die Gedenkausstellung wurde die Aufmerksamkeit auf die etwa 500 Mitglieder umfassende sefardische Gemeinschaft in Berlin gelenkt, die eine eigene Gebetsstätte, eine eigene Schule und ein religiöses Oberhaupt besaß. Diese von der Berliner Judenheit weitgehend isolierte und engstens zusammengeschlossene Gruppe hatte als Leihgabe eine Torarolle zur Verfügung gestellt, die im Katalog leider nicht abgebildet und vermutlich verloren ist. Wenigstens eine Beschreibung ist uns erhalten: Die Rolle war mit einem Mantel umkleidet, bestickt „mit dem Auge Gottes, einem Dreieck im Strahlenkranz".[287] Die portugiesisch-jüdische Gemeinde in Hamburg sandte ein Begrüßungstelegramm, das bei der feierlichen Eröffnung verlesen wurde.[288]

Von der Wirkung der Ausstellung berichtet Rahel Wischnitzer: „Ein überraschendes Erlebnis war bei der Eröffnungsfeier der Ausstellung die Begegnung mit den Nachkommen der Abrabanel und anderen Abkömmlingen der Sefardim, deren besondere Existenz in unserer Mitte uns sonst nicht zum Bewußtsein kommt. Die Abrabanelnachkommen pflegen ihre Familientraditionen mit heiliger Ehrfurcht, und es war ergreifend, zu sehen, wie ein Mitglied dieser Familie sich über seinen Großvater Zwi Hirsch Abrabanel freute, den er in der Ausstellung auf dem Bilde wiedersah, das wiederum von einem anderen Nachkommen beigesteuert war. Der Träger eines mittelalterlichen provençalisch-jüdischen Namens, der in der Renaissance in Italien wiederauftaucht, Arzt, wie einer seiner bekannten Vorfahren in Rom, hatte die Genugtuung, diesen Namen auf einer jüdischen Porträtmedaille wiederzufinden. Die Vorstellung von dem Niedergang der Sefardim, der man gelegentlich begegnet, findet nirgends eine so glänzende Widerlegung wie in den Lebensschicksalen der Familie Abrabanel."[289]

Sein Urteil über die Ausstellung faßt M. O., das ist der sehr kritische Max Osborn, folgendermaßen zusammen: „So wird wahrhaft hier die Welt einer der vornehmsten jüdischen Familien, die je gelebt, vor unseren Augen aufgetan – eine Welt gewaltiger, fruchtbarer Leistung und Betätigung. Zugleich freilich auch die Welt der ewigen jüdischen Wanderschaft."[290]

Daß die Themenwahl der Ausstellungen des Museums eine konzeptionelle Leitlinie fortsetzte, war zu erkennen. „Auf die denkwürdige Abrabanel-Schau"[291] folgend, wurde im Jüdischen Museum am 30. 11. 1937 anläßlich des 100. Todestages Rabbi Akiba Egers (gestorben 13. Tischri 5598 = 12. 10. 1837), dessen die jüdische Presse in Deutschland gedachte[292], eine Ausstellung eröffnet. Damit wurde „der Plan weitergeführt, in einer zwanglosen Reihe solcher Darbietungen das Wissen von großen jüdischen Persönlichkeiten der Vergangenheit... neu zu beleben."[293]

Akiba Eger, der als größte talmudische Autorität seiner Zeit den Ehrentitel Gaon (Fürst) trug, wurde am 29. Oktober 1761[294] in Eisenstadt in Ungarn (heute gehört Eisenstadt zum Burgenland, Österreich) geboren, einer Stadt, die wieder ihres großen Sohnes gedenkt. Im Juni 1982 wurde dank der Initiative des Ordinarius für Judaistik der Universität Wien, Prof. Dr. Kurt Schubert, dort das „Österreichische jüdische Museum" eröffnet. Auf dem instand gesetzten jüdischen Friedhof finden wir die restaurierten Grabsteine der Eltern, Großeltern und Urgroßeltern des Gaon.

Akiba Eger entstammt einer Gelehrtenfamilie, die ihm eine sorgfältige Traditionsausbildung angedeihen ließ. Schon mit vierzehn Jahren hielt er selbst Lehrvorträge. Nachdem er zehn Jahre in Lissa gelehrt hatte, nahm er 1791 die Wahl zum Rabbiner in Märkisch-Friedland an. Die wichtigste Stätte seiner Wirksamkeit war Posen, wohin er 1814 berufen wurde. Hier blieb er bis zu seinem Tode. Von überall her strömten ihm Schüler zu. Die christlichen Einwohner der Stadt nannten ihn „Papst der Juden". Sein wissenschaftliches Werk, Responsen, Novellen zu Talmudtraktaten, Bemerkungen zum Schulchan Aruch, hat auch heute nicht an Bedeutung verloren. Der von ihm geübte tiefgehende und weitreichende Einfluß beruhte nicht allein auf seiner überragenden Gelehrsamkeit, sondern auch auf seiner Persönlichkeitsausstrahlung: Seine Redlichkeit, Bescheidenheit, Anspruchslosigkeit und Hilfsbereitschaft

sind bezeugt und auch in anekdotischer Zuspitzung überliefert.

Entsprechend dem § 6 seiner letztwilligen Verfügung[295]
wurde dem Gaon in Posen nur ein sehr kleiner Grabstein
gesetzt, der nicht in üblicher Weise eine Laudatio als
Inschrift trägt, sondern lediglich die schlichten Worte in
hebräischer Sprache: „Hier ruht der Rabbiner Akiba Eger;
ein Diener der Diener des Ewigen in Märkisch-Friedland
und Posen", worauf das Todesdatum folgt.[296]

Der Gaon war zweimal verheiratet und hat eine große
Kinderschar hinterlassen. Im Jahre 1913 haben sich seine
Nachkommen zu einem Familienverein zusammengeschlos-
sen[297], der um die Zeit seines 100. Todestages einige hundert
Mitglieder zählte. Die Namen des größten Teils der Leihge-
ber tauchen auch in der Mitgliederliste des Eger-Vereins auf.
Die C.-V.-Zeitung berichtet über die Eröffnung der Ausstel-
lung, deren ausgezeichnete Organisation Rahel Wischnitzer
zu verdanken sei: „Beim Schein des Chanukkaleuchters spra-
chen u. a. Dr. Rahel Wischnitzer-Bernstein und Direktor
Heinrich Stahl. Die eigentliche Gedächtnisrede für Akiba
Eger, den großen Talmudjuden und den menschlichen Bera-
ter der damaligen Judenheit, hielt Rabbiner Dr. Altmann
(Berlin) ... Im Namen der Jüdischen Gemeinde wurde
Rahel Wischnitzer-Bernstein für die großen Verdienste ...
die neu geschaffene Akiba-Eger-Gedenkmedaille überreicht."[298] Diese Medaille hatte Rabbiner Dr. Salomonski,
der Leiter des Aufbringungswerkes der Berliner Jüdischen
Gemeinde, entworfen.[299] In dem Artikel der C.-V.-Zeitung
wird die Ausstellung als „eine ebenso umfangreiche wie
interessante Schau" gelobt.[300] Bei der feierlichen Eröffnung
füllten die Teilnehmer – laut Schilderung im Gemeindeblatt
– „den Mittelsaal des Museums bis in den letzten Winkel".[301]
Wir erfahren, daß die Ausstellung im hinteren Teil des Museums untergebracht war, „der Synagogenraum – mit Blumen
geschmückt und durch gespendete Luminatoren taghell
beleuchtet – gerade für dieses Thema einen stimmungsvol-

len Rahmen bildet. Bei der Beschaffung des Materials leistete treffliche Hilfe die weitverbreitete Nachkommenschaft Akiba Egers, von der mehrere Mitglieder auch zur Eröffnungsfeier erschienen waren, darunter der einzige noch lebende Enkel, der 76jährige Herr Albert Berliner.“[302]

In der Ausstellung wurden vornehmlich Bilder gezeigt, jedoch auch Gegenstände aus der Familie Eger sowie Literatur von Akiba Eger und über ihn, meist Leihgaben der Bibliothek der Berliner Gemeinde, und einige Dokumente.[303] Die Gliederung der Ausstellung zielte darauf ab, das kulturelle Umfeld Rabbi Akiba Egers – die Traditionalisten, die Vorkämpfer der Reform, der Emanzipation, der Aufklärung bis zum Abfall – zu veranschaulichen, damit sein Platz bestimmt werden konnte: treue Bewahrung des Erbes durch fortschrittliche Neuerung; ferner sollten seine Persönlichkeit und seine Familie deutlich hervortreten. „Unter den Gegenständen aus dem Besitz der Familie Eger, die der Ausstellung ein ganz persönliches Gepräge geben“, heißt es in der C.-V.-Zeitung, „steht das Trinkgefäß in Hirschform aus Silber an erster Stelle. Es trägt neben dem Meisterzeichen die hebräische Widmung Akiba Egers an seinen Sohn Moses anläßlich der Geburt seines Enkels Hirsch David Eger (Frankfurt a. M.). Dann freut man sich an der Öllampe venezianischer Herkunft…, die Samuel Eger(s) benutzt hat, an einem Silberbecher mit der hebräischen Widmung der Altonaer Jüdischen Gemeinde für Akiba aus dem Jahre 1796 (Besitz Dr. Lotte Pulvermacher)[304], über die Kindsgarnitur für die Berit-Mila-Zeremonie, aus der Zeit stammend, Häubchen, Gürtel, Tallit mit Beutel, Instrumentendeckchen, Kissenbezug und Decke. Alles auf Seide mit Goldtressen gestickt…“[305] Viele Ausstellungsstücke sind verlorengegangen. Glücklicherweise ist wenigstens ein Foto des damals zur Verfügung gestellten Bechers, der im Ausstellungskatalog nicht abgebildet ist, erhalten geblieben.[306] Eine Chanukkalampe des Gaon[307] hat die Zeit überdauert und befindet sich noch heute im Besitz der Familie.

Die zahlreichen ausgestellten Bildnisse Akiba Egers waren in verschiedenen Techniken geschaffen: Neben Ölgemälden wurden Pastelle, Lithographien, Radierungen, Bronzereliefs und auch Porträts in Petit-point-Stickerei (auf Stramin) gezeigt. Unter den bildkünstlerischen Darstellungen des Gaon gilt die auf dem Gemälde von Julius Knorr (1810–1860) „Marktplatz in Posen" als die berühmteste zu Lebzeiten entstandene Abbildung.[308]

Drei Ausschnitte des 1837 vollendeten 2 ½ m breiten Kolossalgemäldes waren in der Ausstellung in fotografischer Reproduktion zu sehen.[309] Unsere Recherchen haben ergeben, daß das für längere Zeit den Blicken entzogene Gemälde, das im Rathaus in Posen (Poznań) seinen angestammten Platz hatte, nach wie vor existiert: Es befindet sich im Besitz des Muzeum Narodowe Poznań und ist nach erfolgter Restaurierung wieder im Historischen Posener Rathaus ausgestellt.

Arthur Kronthal geht in seinem 1921 in Leipzig erschienenen „Werke der Posener bildenden Kunst"[310] ausführlich auf das Gemälde ein, das 1838 im Hôtel de Dresde in Posen ausgestellt war, und zitiert in extenso den daraufhin in der „Zeitung für das Großherzogthum Posen" erschienenen Bericht.[311] Da der Rezensent damals die Möglichkeit hatte, Vorbilder und Abbilder an Ort und Stelle zu vergleichen, ist sein Urteil für uns wichtig. Wir entnehmen dem umfangreichen, bei Kronthal abgedruckten Text, daß der Künstler 200 bis 300 „meist täuschend ähnliche Porträts vorführt", daß die Darstellung „durch die Wahrheitstreue ihrer Einzelheiten unser Auge überrascht", und schließlich, daß der Schöpfer des Gemäldes beabsichtigte, „uns das Nächste treu wiederfinden zu lassen".[312]

Hinten auf dem Bild sind prominente Persönlichkeiten der Stadt zu sehen, auf deren Aufzählung hier verzichtet werden kann, im Vordergrund mannigfaltige Gruppen und typische Einzelpersonen in der ihnen jeweils eigenen Tracht. Kronthal erwähnt in seiner Bildbeschreibung Deut-

39. Julius Knorr: Der Marktplatz in Posen
(linke untere Ecke des Gemäldes)

sche, Polen, Russen, Zigeuner, Schützen, Soldaten, Offiziere, Beamte, Bauern, Handwerker usw.[313]

Eine ästhetische Analyse des Gemäldes ist hier so wenig erforderlich wie eine erschöpfende Beschreibung der dargestellten Massenszenen. Festzuhalten ist, daß der Künstler bestrebt war, die Honoratioren der Stadt und die bunte Mischung der Volkstypen naturgetreu abzuspiegeln und auf diese Weise zum Teil eine Funktion zu erfüllen, die die Fotografie übernommen hat. Für unseren Zusammenhang interessiert die Abbildung jüdischer Gruppen. Aus dem Gemälde von Knorr wurden auf der Ausstellung, wie bereits erwähnt, drei fotografische Ausschnitte gezeigt, die von Sally Jaffé (gest. 1920 in Berlin) hergestellt sind, den Kronthal als einen „der bedeutendsten Amateurphotographen" rühmt.[314] Da das Buch von Kronthal, abgesehen von der fotografischen Wiedergabe des Gesamtgemäldes, ebenfalls drei Ausschnitte enthält, dürfen wir annehmen, daß eben diese Details auf der Ausstellung gezeigt wurden, da sie alle einen Bezug zum jüdischen Leben in Posen haben. Eines der Bilder zeigt den Eingang zur Judengasse, die beiden anderen bieten jüdische Gruppen. In der rechten unteren Ecke des Bildes werden vier jüdische Personen gezeigt, drei Männer und eine Frau. Ein jüdischer Händler, der, wie Kronthal erläutert, durch seinen breitkrempigen Hut als aus Russisch-Polen kommend gekennzeichnet ist, hat gerade eine Kasserolle verkauft und erhält dafür das Geld von einem anderen, dessen „Pelzmütze und ... Kaftan zeigen, daß er auch mit dem Rabbinate zusammenhängt."[315] „Der Käufer der Kasserolle ist der Inhaber des Bankhauses Heymann Saul, aus dem sich später die ‚Ostbank für Handel und Gewerbe' entwickelte ... Seine Ehefrau erblicken wir ... rechts am Bildrande."[316] Über den dritten Mann im Bilde wird nichts, was einer Identifizierung dienlich wäre, ausgesagt.

Der dritte Bildausschnitt zeigt die linke untere Ecke des Gemäldes. Hier finden wir Akiba Eger mit zwei Begleitern:

Die drei Personen „sind an der eigentümlichen Haltung ihrer Stöcke, die oben in silberne Griffe enden und das Zeichen eines beamteten Rabbiners sind, als Mitglieder des Rabbinats kenntlich. Darauf weist auch ihre Kleidung... hin... Der kleinere von ihnen im Vordergrund, dessen Augenlicht halb erloschen ist und der... vorwärts tastet, ist der... weitbekannte Rabbiner Akiba Eger, der kurz vor der Vollendung des Bildes gestorben war... Sein Begleiter auf dem Bilde ist der Rabbiner (Rabbinatsassessor) Moses Landsberger."[317] Über den anderen Begleiter Akiba Egers sagt Kronthal nichts, und es bleibt auch offen, welchen der beiden Begleiter er als Moses Landsberger ansieht. Der Katalog der Eger-Ausstellung enthält die Mitteilung, Akiba Eger sei von Moses Landsberg (rechts) und Jacob Kalvary (links) begleitet.[318] Ob diese Identifizierungen sich auf beweiskräftiges Material stützen, ließ sich bisher nicht ermitteln. Beide waren Mitglieder des Posener Rabbinatskollegiums. Kalvary ist angeblich Ende 1836 gestorben.[319] Von Moses Landsberg (oder Landsberger) weiß man, daß er 1884 in Posen starb und Mitbegründer des Bankhauses Heymann Saul war.[320] Wreschner, der Verfasser einer Egerbiographie, nennt nun noch ein drittes Mitglied des Posener Rabbinatskollegrums aus den dreißiger Jahren des 19. Jahrhunderts: Samuel Lasi (in anderen Quellen Lazarus) Vogelsdorf,[321] und wir halten es für erwiesen, daß auch er auf dem Bild dargestellt ist, obgleich in der Literatur nichts darüber gesagt wird. Aus mündlicher Überlieferung ist uns bekannt, daß der Berliner Rechtsanwalt Herbert Eger (1882–1953) – Nachkomme Akiba Egers –, der im Ausstellungskatalog als Leihgeber genannt ist, einmal in Posen beruflich zu tun hatte und im Freundeskreis erzählte, er habe schon immer dorthin fahren wollen und freue sich daher über diese Gelegenheit. Darauf sagte sein Freund, der Zahnarzt Dr. Benjamin Vogelsdorff, er wolle ihn begleiten, da auch er an dieser Stadt interessiert sei. In Posen angekommen, erklärte Herbert Eger seinem Freunde Vogelsdorff, er wolle das Rathaus aufsuchen, um sich dort das Bild seines Vorfahren Akiba Eger anzusehen, worauf Dr. Vogelsdorff erwiderte, auch er wolle das Bild betrachten, weil dort einer seiner Vorfahren abgebildet sei. Und so standen Eger und Vogelsdorff vor demselben Bild, das ihre Vorfahren Eger und Vogelsdorf zeigte. Welche der dargestellten Personen Samuel Lasi Vogelsdorf ist, ließe sich nur ermitteln, falls ein genaues Verzeichnis aller auf Knorrs Bild dargestellten Personen vorhanden ist. Das konnte bisher nicht festgestellt werden. Da Kronthal vom Inhaber des Bankhauses Heymann Saul als Figur in der anderen Gruppe spricht, wobei in der Formulierung völlig offen bleibt, ob dieser Inhaber mit der Person identisch ist, die dem Bankhaus den Namen gab, andererseits Wreschner mitteilt, daß Moses Landsberg zu den Gründern (und damit wohl auch zu den Inhabern) der Bank gehörte, halten wir es für möglich, daß Akiba Eger von Kalvary und Vogelsdorf begleitet wird, während Landsberg in der anderen Gruppe abgebildet ist.

Diese Hypothese erfährt durch das 1836 in Bromberg gedruckte „Verzeichnis sämtlicher naturalisierter Juden im Großherzogtum Posen" eine Stütze.[322] Als Mitglieder des Rabbinats sind, abgesehen vom Oberrabbiner Eger, noch vier Gelehrte aufgeführt: Vice-Rabbiner Jakob Kalwary, Nebenrabbiner Samuel Lazarus Vogelsdorf und noch zwei Unterrabbiner. Deshalb ist die Darstellung Vogelsdorfs als Begleiter von Akiba Eger auf dem Gemälde eine durchaus glaubwürdige Möglichkeit. Moses Landsberger wird in diesem Verzeichnis als Wechsler bezeichnet, auf seine rabbinische Qualifikation findet sich kein Hinweis. Es ist daher anzunehmen, daß Landsberger in seinem Antrag auf Naturalisation seinen tatsächlich ausgeübten Beruf angegeben hat und damals innerhalb der jüdischen Gemeinde nicht oder nur nebenbei tätig war.

Daß ein Bankier, auch wenn er Rabbinerqualifikation besaß, nicht haupt- oder auch nur nebenamtlich als Rabbinatsassistent fungieren durfte, geht aus der Arbeit von

Rönne-Simon hervor.[323] Daß Heymann Saul auf Knorrs Gemälde nicht abgebildet ist, obgleich Kronthals unscharfe Formulierung diese Möglichkeit zuläßt, ergibt sich daraus, daß das Judenverzeichnis ihn nicht aufführt, sondern seine Witwe, deren Beruf als Wechslerin angegeben wird. Das macht es aber wahrscheinlich, daß der abgebildete „Inhaber des Bankhauses Heymann Saul" den Wechsler Moses Landsberger darstellt.

Da Knorr sich das Ziel gesetzt hatte, auf seinem Gemälde Honoratioren und Volkstypen der Stadt Posen spiegelgetreu zu konterfeien, ist vorauszusetzen, daß Akiba Eger dort so erscheint, wie er als fast erblindeter Greis tatsächlich aussah.

Gewiß hat der Gaon sich keinem Maler jemals als Modell zur Verfügung gestellt, denn das wäre mit seiner strikten Auffassung des Bildverbots unvereinbar gewesen. Wer ihn aber aus eigener Anschauung kannte, hatte die Möglichkeit, eine Porträtskizze anzufertigen, ohne von Eger bemerkt zu werden, oder ihn auf Grund eines frischen Eindrucks aus dem Gedächtnis zu zeichnen.

Die Darstellung von Knorr ist sicher – weil zu Lebzeiten des Gaon entstanden – als authentisch zu betrachten, während es sich bei vielen anderen bekannten Porträts um Phantasiedarstellungen handelt.

Von den Porträts in Petit-point-Stickerei ist Ähnlichkeit im Sinne fotografischer Wiedergabe nicht zu erwarten, doch sollte der ästhetische Wert nicht zu niedrig veranschlagt werden. In mühseliger, feinster Kleinarbeit entstanden, zeigen diese Stücke, daß die Ausdauer der Verfertigerinnen gelohnt hat: Es sind ausdrucksvolle Bilder. Eines dieser Stücke, im Katalog als Nr. 65 (S. 12) aufgeführt, war eine Leihgabe von Margarete Eger (geb. 1877, deportiert 1942 und nicht zurückgekehrt), einer Urenkelin des Gaon und älteren Schwester des oben erwähnten Rechtsanwaltes Herbert Eger, die für die Ausstellung auch andere Gegenstände zur Verfügung gestellt hatte.[324] Die Katalogeintragung enthält den Vermerk „gestickt von Theophilie[325] Kaminke für ihren Vater Berel Wolkowyski in Bialystok um 1858". Die Leihgeberin hatte dieses Bild von ihrem Großvater mütterlicherseits, eben jenem Berel (genauer: Jechiel Berel) Wolkowyski, geerbt und gelangte auf diese Weise rein zufällig in den Besitz eines Porträts ihres bedeutenden Urgroßvaters väterlicherseits. Dieser Zufall erscheint demjenigen als gar so verwunderlich nicht, der um ein kulturhistorisches Faktum weiß, das bisher allerdings nirgendwo publiziert ist: Um die Mitte des vorigen Jahrhunderts galt es in Bialystok bei jungen Damen, denen es nicht an Muße fehlte, als elegant, das Porträt des großen Gelehrten zu sticken. Wir sind berechtigt, von einer Mode zu sprechen. In jener Stadt (und vielleicht auch anderswo?) wurde damals Straminstoff für Petit-point-Arbeit vertrieben, auf dem die Konturen des Eger-Porträts vorgezeichnet waren. Ob es nur *ein* derartiges Modell gab oder weitere Varianten, kann ebensowenig festgestellt werden wie die Tatsache, ob andere in dieser Technik gefertigte, auf der Ausstellung gezeigte Eger-Bilder auf dieselbe Vorlage zurückgingen. Wir wissen auch nicht, ob die Muster die Farben vorgaben (und vielleicht das farblich abgestimmte Garn gleich mitverkauft wurde) oder ob die jeweils von der Stickerin getroffene Farbenwahl zur Entstehung unterscheidbarer Varianten geführt hat.

Beide Gedenkausstellungen, die Abrabanel- (1 383 Besucher)[326] und die Eger-Schau (bis 31. 12. 37: 475 Besucher)[327], bildeten zusammen den Höhepunkt in der Geschichte der kurzlebigen Existenz des Jüdischen Museums. Sie waren thematisch verbunden, denn beide galten Geonim (Plural von Gaon), Fürsten, und doch führten sie den Besucher in verschiedene Welten. Die eine Ausstellung zeigte den sefardischen Kulturkreis und war einem Weltmann gewidmet, der in die große Politik eingegriffen hatte, die andere führte in die vergleichsweise enge Welt des aschkenasischen Judentums. Die Einheit in der kulturellen Mannigfaltigkeit wurde durch die beabsichtigte Vorbildwirkung bestimmt, denn die beiden Großen waren durchdrungen von tiefster Religiosität; sie hatten sich mit all ihren Kräften für die jüdische Gemeinschaft eingesetzt. Während in den rückwärtigen Museumsräumen die Akiba-Eger-Schau bestehen blieb, wurde Mitte Dezember 1937 die Ausstellung „Hundert Jahre jüdische Kunst aus Berliner Besitz" eröffnet.[328] Ursprünglich war diese Schau unter dem Titel „Ein Jahrhundert jüdischer Malerei 1830–1930" bereits für das Frühjahr zum zwanzigjährigen Jubiläum der Kunstsammlung geplant.[329] Aus welchen Gründen zu diesem Anlaß eine Ausstellung von Neuerwerbungen stattfand, auf die wir später zurückkommen, und die als Jubiläumsausstellung geplante Schau verschoben wurde, ist nicht mehr zu ermitteln.

Mit der Ausstellung, die ein Jahrhundert jüdischer Malerei in Deutschland zeigte, wollte Landsberger „den allerorten vorangegangenen Zentenarausstellungen eine jüdische ‚Jahrhundert-Ausstellung' an die Seite stellen. Nur daß ihr Jahrhundert noch nicht um 1800 beginnt, sondern erst um 1830, als das Schaffen von Moritz Oppenheim in Frankfurt a. M., von Eduard Magnus in Berlin, von Louis Asher in Hamburg einsetzt."[330]

Im Vorwort des Ausstellungskataloges führt Landsberger aus: „Hundert Jahre jüdische Kunst, das sind jene Jahre vom Beginn des 19. Jahrhunderts bis zur Gegenwart, in denen jüdische Künstler nicht nur, wie bisher, die sakrale, sondern auch alle anderen Gattungen der bildenden Kunst im vollen Umfange üben. Inwieweit diese Loslösung aus einem abgeschlossenen Dasein den Charakter der jüdischen Kunst als einer spezifisch *jüdischen* geschwächt oder verstärkt hat, soll hier nicht gefragt werden. Es gilt vorerst, die Kenntnis der jüdischen Kunst und der in ihr wirkenden Begabungen zu vermehren, ehe man Urteile fällt. Denn so sehr wir auch um einige Hauptmeister dieser Zeit, um einen Israels, Pissarro oder Liebermann, Bescheid wissen, so mangelhaft ist noch unsere Anschauung von den stillen Kräften, vor allem von denen in der ersten und beginnenden zweiten

40. *Moritz Daniel Oppenheim: Bernhardine Friedeberg*

Berlin,den 7.5.37.

Herrn
Dr.Harold Friedeberg,
Brünn
Augustinska 16.

Sehr geehrter Herr Doktor!
Mit dem Studium des Malers Moritz Oppenheim beschäftigt stellte
ich fest,dass Sie der Besitzer des hübschen,im Philo-Lexikon
veröffentlichten,Frauenbildes sind.Daraufhin erlaube ich mir
die Anfrage,ob das Bild von mir einmal besichtigt werden kann.
Noch lieber wäre es mir,ich könnte es einmal als Leihgabe in
das von mir geleitete Jüdische Museum herübernehmen.Sollten Sie
es verkaufen wollen,so wäre gerade dadurch eine Möglichkeit der
Besichtigung gegeben.
Ihrem freundlichen Bescheide entgegensehend,bin ich
                          mit vorzüglicher Hochachtung
                        Prof.Dr. *Franz Landsberger*

41. *Brief von Landsberger an Harold Friedeberg*

Hälfte des 19. Jahrhunderts. Hier gilt es, vergessene Künstler ans Licht zu heben und sich zunächst ihres bloßen Daseins zu freuen."[331] Zu diesem Zweck wurden sowohl der reiche Bestand des Museums als auch Kunstwerke aus Privatbesitz herangezogen. Der Katalog nennt die Leihgeber, und wir begegnen einer Reihe bekannter Namen, wie Heinrich Stahl, Martin Salomonski, Max Osborn, Irmgard Schüler, Franz Landsberger. Diese Ausstellung gab, wie Olga Bloch schrieb, „einen Rechenschaftsbericht über die geleistete erfolgreiche Arbeit und einen Überblick der jüdischen Künstler und ihr Werk, sei es in öffentlichem oder in privatem Besitz".[332] Am 16. Dezember 1937 berichtete die C.-V.-Zeitung: „Auf vielfache Anfragen hin teilen wir mit, daß das Jüdische Museum ... mit seinen beiden großen Ausstellungen ‚100 Jahre jüdische Kunst' und ‚Rabbi Akiba Eger' an sämtlichen Dezembertagen (außer sonnabends) von 10 bis 14 Uhr geöffnet ist."[333]

Offenbar erfreute sich die Ausstellung „100 Jahre jüdische Kunst" größerer Popularität als die Eger-Schau. Dafür spricht die fast viermal so hohe Besucherzahl: Bis zum Jahresende kamen 1 806 Personen.[334] 1936 und vor allem 1937, im Jahr des zwanzigsten Jubiläums der Kunstsammlung, an das die jüdische Presse Deutschlands erinnerte[335], gelangen einige bedeutsame Erwerbungen, „zum Teil mit Hilfe des Jüdischen Museumsvereins".[336] So erwarb das Museum „im Austausch mit dem Frankfurter Rothschild Museum ... eine prachtvolle Ketubah von 1790".[337] Landsberger hat diesen aus Pisa stammenden Ehekontrakt zusammen mit einem etwa hundert Jahre jüngeren ostjüdischen Misrach, ebenfalls einer Neuerwerbung (1936)[338], im Gemeindeblatt publiziert.[339]

Bereits Ende Januar 1937 hatte das Museum, wie bereits erwähnt, seine im Vorjahr erworbenen Kunstwerke der Öffentlichkeit vorgestellt. Eine „willkommene Bereicherung" hatte, wie Osborn mitteilt, „die Abteilung der Kultgegenstände ... erfahren", und zwar „durch das eigenartige Stück eines Privattoraschrankes, der ihr als Geschenk ...

zugefallen ist. Sind die Türen geschlossen, so haben wir einen gravitätischen Biedermeierschrank vor uns, dessen helles Birnbaumholz sich gewiß ein Jahrhundert lang dem Mobiliar eines bürgerlichen Zimmers ungezwungen eingeordnet hat. Aber öffnet sich die Schranktür, so enthüllt sich das ehrwürdige Bild eines mittelgroßen Toraschreins. Auch der Schmuck der Tora, der darin liebevoll aufbewahrt wurde: Rimonim, Tass und Jad, gehört nun dem Museum."[340]

Nicht würdiger konnte, wie Osborn schreibt, das Jüdische Museum sein Jubiläum begehen als durch diese Ausstellung, war sie doch „ein deutlich redendes Dokument seines lebendigen Wirkens".[341] Die Ausstellung zeigte auch eine Reihe neu erworbener Bilder. Hier sind vor allem Werke von jenen Künstlern zu nennen, denen das Museum Ausstellungen gewidmet hatte, wie z. B. ein Bild von Spiro, ein aus dem Jahre 1920 stammendes Selbstporträt Meidners und aus dem Nachlaß Max Fabians „das Interieurbild mit einer alten Dame auf dem behäbigen Sofa".[342] Diesen Maler hatte der Schriftsteller Georg Hermann gewürdigt[343], und Karl Schwarz hatte ihn „als einen der begabtesten und ehrlichsten, farbenfreudigen Künstler des modernen Berlin"[344] bezeichnet. Auch Bilder von Ernst Oppler (1867–1929) und von seinem Bruder Alexander (1869–1937) – Werke beider Künstler waren im Oktober 1937 im Museum ausgestellt[345] – gehörten zu den Neuerwerbungen.[346]

Noch ein Neuzugang des Jahres 1936 verdient, in unserem Zusammenhang erwähnt zu werden: Es handelt sich um eine zeitgenössische Darstellung Moses Mendelssohns, die „bei der Auflösung des Berliner Lessing-Museums (1936, H. S.) erworben werden konnte".[347] Moritz Stern hat das 33 x 78 cm große, kaum bekannte Bild im Gemeindeblatt publiziert und ermittelt, daß es von dem als Landschaftszeichner, Radierer und Kupferstecher bekannten Adrian Zingg (1734–1816) stammt. Das „Porträt ist das einzige in Pastellfarben, das wir von Mendelssohn besitzen".[348]

Eine der vielleicht bedeutendsten Erwerbungen in der Geschichte des Museums gelang 1937 mit dem Kauf des Gemäldes von Moritz Oppenheim „Sabbat-Nachmittag" aus der Serie der „Bilder aus dem altjüdischen Familienleben". Landsberger berichtete im Gemeindeblatt ausführlich über das im Kunsthandel erworbene Werk und ging in diesem Zusammenhang auch auf Oppenheims später als Prachtband herausgegebene Mappenwerke ein, die sich größter Beliebtheit erfreuten.[349] Bereits 1866 waren die „Blätter aus dem altjüdischen Familienleben" zum ersten Mal erschienen, damals allerdings nur sechs Blätter; weitere Auflagen mit zwölf (1868), mit 18 (1874) und schließlich mit 20 Blättern im Jahre 1881 folgten. Den Auftakt zu der Serie bildete – ohne daß Oppenheim zunächst an eine Folge dachte – das in den Jahren 1833 bis 1834 entstandene Bild „Heimkehr eines jüdischen Freiwilligen aus dem Befreiungskriege zu den nach alter Sitte lebenden Seinen".[350] Dieses Bild schenkten die Juden Badens dem Vorkämpfer der Emanzipation Gabriel Riesser.

Wenn wir die Abbildungen der Gemälde mit den Fotografien vergleichen, zeigen sich Unterschiede. Das ist darauf zurückzuführen, daß Oppenheim, da die Fotografie im zweiten Drittel des vorigen Jahrhunderts nicht in der Lage war, farbige Vorlagen genau wiederzugeben, alle Bilder noch einmal in Grautönen in Öl malen mußte. Erst diese sogenannten Grisaillen konnten dann abfotografiert werden. Landsberger hat die Fotovorlagen anläßlich der Erwerbung eines *Original*gemäldes, nämlich des „Sabbat-Nachmittag", das sich übrigens heute im Besitz des Hebrew Union College, Skirball Museum, Los Angeles, befindet, ausführlich beschrieben. Er teilte mit, daß sie damals noch größtenteils erhalten waren; sie befanden sich in Privathand.[351] Alfred Werner, der vor einigen Jahren Oppenheims Blätter edierte und mit einer Einleitung und einem Kommentar versah, wußte zu berichten, daß etwa die Hälfte der Grisaillen die Stürme der Zeit überdauert haben.[352]

Manches Oppenheimsche Gemälde hat im Laufe seiner wechselvollen Schicksale in den Ausstellungsräumen des Jüdischen Museums gehangen.[353] Wieviel Werke Oppenheims das Museum besaß, läßt sich allerdings nicht mit Sicherheit sagen. Der von Moritz Stern verfaßte handschriftliche siebenteilige Katalog scheint verlorengegangen zu sein.[354] Das Bildnis Börnes, das 1932 ins Museum kam, hatten wir bereits erwähnt.

Zu den schönsten Porträtwerken des Künstlers gehören die Frauenbildnisse, wie z. B. das Gemälde von Oppenheims 1836 verstorbener erster Frau, Adelheid geb. Cleve, das ein Jahr nach der 1828 erfolgten Eheschließung entstanden ist und neben einem Bildnis von Gutle (Gudula) Rothschild in der Ausstellung „Unsere Ahnen" zu sehen war.[355] Eines der Oppenheimschen Frauenbildnisse findet sich ohne Angabe, wer die Dargestellte ist, im Philo-Lexikon abgebildet.[356] Uns ist es möglich, zu diesem Bild, dessen Geschichte auf eigentümliche Weise mit dem Jüdischen Museum und dem Schicksal seiner Bildersammlung verknüpft ist, Genaueres mitzuteilen. Bei dem Porträt handelt es sich um das 1846 entstandene Bildnis der Nichte des Malers, Bernhardine Friedeberg geb. Oppenheim (1822–1893).[357] Sie hatte in Berlin einen Salon, in dem u. a. ihr Bruder Heinrich Bernhard Oppenheim, ein bekannter Schriftsteller und Politiker, Revolutionär von 1848, und der Nationalliberale Eduard Lasker verkehrten.[358]

Als Landsberger in Zusammenhang mit dieser wichtigsten Erwerbung des Jahres 1937 über Oppenheim arbeitete, erfuhr er, daß sich das im Philo-Lexikon abgebildete Gemälde im Besitz von Dr. Harold Friedeberg befinde, an den er sich daraufhin wandte. Dr. Harold Friedeberg war ein Enkel der Bernhardine, wie wir ermitteln konnten. Durch freundliches Entgegenkommen von Frau Dr. Hariett Wilson, der Tochter Harold Friedebergs, wurde uns der Brief von Landsberger zugänglich, den wir abbilden. Abgesehen von dem Leihersuchen des ersten Direktors Karl

Schwarz[359], haben wir es hier mit dem einzigen auf die Museumsarbeit bezüglichen Brief zu tun, der sich auffinden ließ. Wie Frau Wilson uns schrieb, war ihr Vater „1937 vorübergehend in Brünn und hatte seine Wohnung aufgelöst und die Sachen in Berlin gespeichert. Das Bild muß dann wohl vom Jüdischen Museum abgeholt worden sein, denn mein Vater ging nicht nach Berlin zurück."[360] Ob Landsberger das Bild ausstellen wollte oder vielleicht sogar ausgestellt hat, ließ sich nicht ermitteln.

Auch unter den immer schwieriger werdenden Bedingungen des Jahres 1938 setzte das Museum, den Verhältnissen widerstehend und damit Widerstand leistend, seine Arbeit fort.

Ende März teilte die C.-V.-Zeitung mit, das Jüdische Museum bereite, unter Mitwirkung des Gesamtarchivs der Juden in Deutschland, eine neue Ausstellung unter dem Titel „Aus kleinen jüdischen Gemeinden" vor. Diese Ausstellung, heißt es in der C.-V.-Zeitung, „wird wertvolles Kultgerät und wichtige historische Dokumente enthalten, die beiden Institutionen aus kleinen Gemeinden zugeflossen sind".[361] Einen Monat später wurde die Ausstellung eröffnet.[362] „Man sieht", schreibt Osborn, „eine größere Anzahl von Kultgeräten und synagogalen Ausschmückungsgegenständen aus kleinen jüdischen Gemeinden aufgereiht, die sich in den letzten Jahren aufgelöst haben oder in ihren gottesdienstlichen Räumen eine Beschränkung auferlegen mußten, so daß sie nicht mehr in der Lage waren, ihren alten, pietätvoll behüteten und oft wertvollen Besitz zweckmäßig aufzubewahren".[363] Osborn hält es für „dankenswert und vorausschauend, daß Prof. Franz Landsberger in der Kunstsammlung der jüdischen Gemeinde eine Stelle geschaffen hat, wo derartige Stücke liebevolle und sachkundige Betreuung und Pflege finden".[364]

Die Schau, die Landsberger „mit Hilfe seiner getreuen Mitarbeiterin, Dr. Irmgard Schüler, im Synagogenraum des Museums aufgebaut" hatte[365], war die letzte Sonderausstellung des Berliner Jüdischen Museums. Ihren Hauptteil bildeten Toravorhänge; die aus der Synagoge in Märkisch-Friedland stammten.

Auch Kultgegenstände aus Schneidemühl, Ellrich im Harz, Arnswalde, Beeskow, Schwerin an der Warthe, Demmin in Pommern, Flatow, Stralsund, Krotoschin, Segeberg in Holstein, Königsberg i. Pr., Bützow in Mecklenburg wurden gezeigt.[366] Das Gesamtarchiv gestaltete eine Vitrine mit Urkundenbänden und Stammbüchern der Empire- und Biedermeierzeit aus verschiedenen Orten.[367]

„Man sieht“, schreibt Osborn, „es ist eine Anzahl von Gemeinden, die mit ihren kleinen Heiligtümern beteiligt sind. Jede einzelne von ihnen hat etwas eigenes zu sagen. Wieviel frommer Sinn und Überlieferungstreue spricht überall! Das ist es, was der Ausstellung ihren Stempel gibt.“[368]

Noch einmal hat eine Neugestaltung der Ausstellung stattgefunden. Diesmal betraf sie, soweit die spärlichen Presseberichte ein Urteil erlauben, im Gegensatz zur Neuordnung im Jahre 1936,[369] wohl nur die Gemäldesammlung.[370]

Anfang April veranstaltete der Museumsverein einen Vortragsabend[371], „der zugleich als Abschiedsfeier für Frau Dr. Rahel Wischnitzer-Bernstein gedacht war“[372], denn auch die Organisatorin der bedeutendsten Ausstellungen des Museums, nämlich der Abrabanel- und der Akiba-Eger-Ausstellung, emigrierte.

Im selben Jahr erhielt Heinrich Stahl, der „großzügige Förderer des Jüdischen Museums sowie seines Museumsvereins“, anläßlich seines 70. Geburtstages eine Radierung von Erich Wolfsfeld, und zwar „Die Neue Synagoge in Berlin“, als Geschenk. Die auf das Blatt gedruckte Widmung war von Klee und Landsberger unterschrieben.

Unbeirrbar weiterarbeitend, plante Landsberger für die Zeit nach der alljährlichen Sommerpause – in diesem Jahr blieb das Haus vom 3. August bis 3. September geschlossen – neue Ausstellungen. Noch im Oktober 1938 rief das

Die Neue Synagoge in Berlin

Dem verehrten Vorsitzenden unserer Gemeinde
und großzügigen Förderer des Jüdischen Museums
sowie seines Museumsvereines in Dankbarkeit

BERLIN   15. APRIL 1938

42. *Erich Wolfsfeld: Die Neue Synagoge in Berlin*

Museum dazu auf, für seine Schau, die dem 75. Todestag des 1808 geborenen Berliner Rabbiners Michael Sachs (im Januar 1939) gewidmet sein sollte, Material zur Verfügung zu stellen.[373]

„Wegen Vorbereitung der großen Ausstellung ‚Jüdische Künstler erleben die Bibel'", schreibt das Gemeindeblatt, „ist das Jüdische Museum von Montag, 31. Oktober, ab geschlossen und wird am Freitag, 11. November, wieder eröffnet."[374] Noch in derselben Nummer des Gemeindeblattes, nur eine Seite dahinter, teilt das Museum mit, die Ausstellung müsse verschoben werden und deshalb werde „die zeitweise Schließung des Museums rückgängig gemacht". Denselben Text veröffentlichte die C.-V.-Zeitung in ihrer letzten Ausgabe auf der letzten Seite.[375]

Die alljährlich stattfindende Mitgliederversammlung des Museumsvereins war für den 8. Dezember einberufen worden.[376] Es ist anzunehmen, daß sie, ebenso wie die von Landsberger für 1938 geplante Ausstellung, nicht mehr stattfand.

Zum letztenmal, und zwar am 6. November, stellte Landsberger Schenkungen von Kultgeräten in Form eines Artikels im Gemeindeblatt vor. „Aus der Fülle der Gaben", die dem Museum infolge der „Verkleinerung des Wohnraumes der Juden ... und ihrer gesteigerten Auswanderung" zukamen[377], wählte Landsberger die wichtigsten für seinen Aufsatz aus. Besonders reizvoll fand er einen silbernen Gebetbuchdeckel. „Er umschließt einen 1785 in Amsterdam gedruckten Tenach (Bibel, H. S.) und ist auch in diesen Jahren entstanden."[378]

Der Novemberpogrom, der unter dem euphemistischen Namen ‚Kristallnacht' in die Geschichte eingegangen ist, setzte dem Museum, wie den meisten jüdischen Institutionen, ein jähes Ende.

Mit vielen anderen Berliner Juden wurde auch Franz Landsberger verhaftet und in das Konzentrationslager Sachsenhausen bei Oranienburg verschleppt.[379] Durch die Hilfe

43. *Eine der letzten Spenden an das Museum:*
Silberner Gebetbuchdeckel aus Holland

guter Freunde gelang es, ihn aus dem Konzentrationslager zu befreien und ihm die Auswanderung zu ermöglichen: Aus einem Brief, den Franz Landsbergers Witwe, Dorothy Landsberger, am 6. Januar 1970 an das Leo Baeck Institute New York richtete, geht hervor, daß der Göttinger Altphilologe Prof. Konrad Ziegler seinem Freund Landsberger eine Einladung durch den klassischen Philologen Prof. Guilbert Murray nach Oxford verschaffte. „Nur durch diese Einladung" wurde Landsberger „aus dem KZ Oranienburg befreit und blieb, wie zwei andere deutsch-jüdische Ehepaare und einige deutsch-jüdische junge Mädchen für ein halbes Jahr bei Murrays im Hause, bis der Ruf vom hiesigen (d. h. Cincinnati, H. S.) Hebrew Union College an ihn kam und er noch kurz vor Ausbruch des zweiten Weltkrieges nach USA fahren konnte."[380]

Im Januar 1940 veröffentlichte das „Jüdische Nachrichtenblatt", das einzige zugelassene jüdische Publikationsorgan – es war nach dem Novemberpogrom zwangsweise, nach Verbot aller anderen jüdischen Presseerzeugnisse, geschaffen worden[381] –, eine Mitteilung über die Auflösung des Jüdischen Museumsvereins.[382] Ob irgendwer seine Ansprüche gegenüber dem Verein angemeldet hat, wie es in der Bekanntmachung gefordert wurde, kann nicht nachgeprüft werden.

Die Frage drängt sich auf, was aus den Beständen geworden ist, den Schätzen jenes Hauses, dessen Eröffnung am 24. Januar 1933 – weniger als sechs Jahre waren inzwischen vergangen – die Öffentlichkeit als Kulturtat gefeiert hatte. Es war angesichts des Verlustes der Akten des Museums schwer, die Geschichte dieser Institution nachzuzeichnen; noch schwieriger ist es, eine Antwort auf die soeben gestellte Frage zu finden. Über das Schicksal der Bestände machte man sich bereits während des Krieges in England Gedanken. Im April 1943 fand in London eine „Conference on Restoration of Continental Jewish Museums, Libraries and Archives" statt. Uns liegt das Eröffnungsreferat von

Bekanntmachung

Der Jüdische Museumsverein in Berlin ist aufgelöst.

Die Abwicklung erfolgt durch den bisherigen Vorstand. — Alle Gläubiger des Vereins, insbesondere die Eigentümer von Leihgaben, werden aufgefordert, ihre Ansprüche bei dem Unterzeichneten schriftlich anzumelden.

Berlin N 4, den 27. Dezember 1939.
Johannisstr. 16

Amtsgerichtsrat a. D.
Walther Israel Michaelis

44. Jüdisches Nachrichtenblatt 9.1.1940, S. 3

Cecil Roth vor. Darin heißt es, auf Veranlassung des deutschen Finanzministers sei versucht worden, Eigentum des Berliner Jüdischen Museums auf dem internationalen Kunstmarkt zum Kauf anzubieten.[383] Unter der Voraussetzung, daß diese Information richtig ist, würde daraus hervorgehen, daß sich die Bestände des Museums in der Verfügungsgewalt des deutschen Staates befunden haben. Wir können nicht rekonstruieren, wie an jenem 10. November der Akt der Schließung im einzelnen vor sich gegangen ist, halten es aber für nicht ausgeschlossen, daß die Darstellung von Haim Mass zutreffend ist. Er schreibt, daß „in der sogenannten Kristallnacht... uniformierte S.-A.-Vandalen ins Jüdische Museum eindrangen und von dort zahlreiche Kunstschätze entfernten".[384]

Wichtige Details über die Vorgänge bietet der Bericht von Alexander Szanto (1899–1972). Er war in den Jahren 1923 bis 1939 im Dienste der Berliner Jüdischen Gemeinde und berichtet in seinen zum größten Teil unveröffentlichten Memoiren auch über die Ereignisse der Nacht vom 9. zum 10. November 1938. Szanto erwähnt in diesem Zusammenhang auch das Jüdische Museum: „Als alles vorüber war, ging ich noch einmal allein durch die Räume des Gemeindegebäudes... Da war, im ersten Stockwerk, das Jüdische Museum. Sein Eingang war versperrt. Das Siegel der Gestapo lag auf dem Schloß – die Kunstschätze gehörten uns nicht mehr. Sie waren beschlagnahmt, das heißt mit anderen Worten geraubt. Ich erinnere mich, wie oft ich im ersten Saale des Museums ein riesiges Gemälde [Hirszenberg: *Sie wandern,* H. S.] angesehen hatte, das den Leidensweg verfolgter Juden darstellte: Auf einer weiten Schneefläche ein Zug von jüdischen Männern und Frauen, vor dem Pogrom flüchtend, mit Bündeln auf den vom Leid gekrümmten Rücken, an der Spitze der Rabbi mit der geretteten Torah im Arm, hinter ihm in endloser Reihe die Flüchtenden und Verfolgten, Frauen mit Kindern auf dem Arm, Greise, Männer mit verhärmten Gesichtszügen – ein an keine bestimmte Zeitepoche gebundenes Gemälde des Leidens, das die Juden in so vielen Ländern durch die Jahrhunderte hindurch immer wieder betroffen hatte. Das Bild war gemalt worden, lange bevor noch irgend jemand etwas von Hitler wußte, und der Maler hatte wohl kaum daran gedacht, daß die Visionen seiner Kunst jemals in Deutschland Wirklichkeit werden könnten. Aber wir, wir hatten es nun vor unseren Augen gesehen, und wir wußten jetzt, was jüdisches Schicksal war."[385]

Im November 1946 berichtete Franz Landsberger in der Emigrantenzeitung „Aufbau", die Bilder des Museums seien gefunden worden. Er schreibt: „Schon vor Monaten hörte ich, daß das Berliner Jüdische Museum den Raubzügen der Nazis und den Bomben der Alliierten entgangen sei."[386] (Landsberger scheint von Plünderungen während der „Kristallnacht" nichts bekannt gewesen zu sein.) „Um nähere Erkundigungen einzuziehen, wandte ich mich an Dr. Ernst Grumach, den früheren Lehrer an der Hochschule für die Wissenschaft des Judentums..."[387] Landsberger teilt weiter mit, Grumach habe ihm eine Liste aller noch erhaltenen Bestände des Jüdischen Museums geschickt. Durch freundliches Entgegenkommen von Frau Dr. Shirun-Grumach, der in Israel lebenden Tochter Ernst Grumachs, sind wir in der Lage, diesen Vorgang genau zu rekonstruieren. Frau Shirun-Grumach hat uns den gesamten Schriftwechsel ihres Vaters mit Landsberger zur Verfügung gestellt. Zunächst, und zwar am 7. 12. 1945, wandte sich Landsberger an einen ihm bekannten Herrn Hamburger in Berlin, um zu erfahren, was aus dem Jüdischen Museum und seinen Beständen geworden sei. „Ich plante zuletzt eine Leih-Ausstellung ‚Kunst und Bibel'", schreibt der ehemalige Direktor des Jüdischen Museums, nun Professor für Jüdische Kunst am Hebrew Union College, „das Museum hat daher viele Werke, die nicht sein eigen sind. Hat es schon einen Leiter? Gedenkt es, seine Photos usw. nach dem Ausland zu verkaufen? Ich könnte mir denken, ein Jahr Urlaub zu nehmen, um Ihr Museum wieder sachgemäß aufzubauen."[388]

45. *Samuel Hirszenberg: Sie wandern*
(Nr. 3 der vom Museum herausgegebenen Ansichtskartenserie)

Unsere Recherchen haben ergeben, daß es sich bei Herrn Hamburger um Rabbiner Wolfgang Hamburger (geb. 1919) handelt. Auf unsere Anfrage teilte er folgendes mit: „Obwohl ich mich nicht an diesen Brief erinnere, muß es so, wie die in Ihren Händen befindlichen Unterlagen angeben, gewesen sein, da Grumach und ich uns sehr häufig von Juni/Juli 1945 bis zu meiner Auswanderung im März 1947 sahen. Ihre Anfrage frischte meine vage Erinnerung daran, daß Grumach es mit Bildern zu tun hatte, auf, aber ich habe nicht die geringste Erinnerung an die Zahl oder an den Verbleib der Bilder. Die Tatsache, daß ich Landsbergers Brief Grumach zur Beantwortung gab, beweist, daß ich auch damals die gewünschte Auskunft nicht geben konnte.“[389]

Grumach beantwortete nun die ursprünglich an Hamburger gerichteten Fragen am 20. Februar 1946 : „Im August vorigen Jahres wurde mir gleichzeitig von zwei verschiedenen Seiten gemeldet, daß in dem Gebäude der ehemaligen Reichskulturkammer und jetzigen Kammer der Kunstschaffenden in der Schlüterstraße 45 (Berlin-Charlottenburg, H. S.) einige Bilder aufgetaucht waren, die aus dem Besitz des früheren Jüdischen Museums stammten.“[390] Grumach schreibt weiter, er habe sich sofort dorthin begeben – übrigens wohnte er ebenfalls in der Schlüterstraße, und zwar Nummer 53 – und festgestellt, „daß es sich nicht nur um einzelne Bilder, sondern um einen großen Teil unserer früheren Gemäldesammlung handelte, der dort in einem finsteren Keller untergebracht war. Einzelne weitere Bilder fanden sich verstreut in verschiedenen Räumen der Kunstkammer, daneben auch einige wenige Kultgegenstände, nach dem Rest fahnden wir bis jetzt leider vergeblich. In mehrwöchiger Arbeit habe ich darauf, unterstützt von meiner Frau und den Beamten der Kunstkammer, sämtliche Räume des Hauses abgesucht und alle aus früherem jüdischen Besitz stammenden Bilder und Gegenstände sichergestellt und neu inventarisiert. Eine Abschrift des Inventarverzeichnisses werde ich Ihnen zugehen lassen.“[391] Dieses alphabetisch

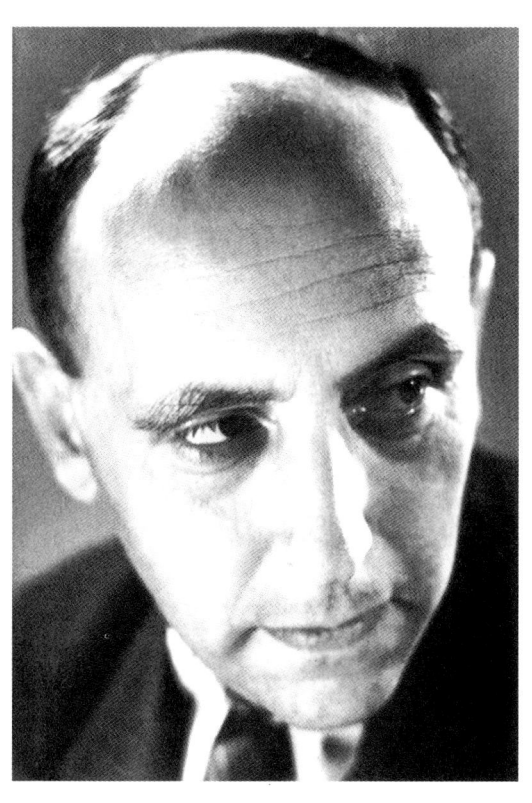

46. Dr. Ernst Grumach (ca. 1938)

nach Künstlern geordnete Inventarverzeichnis war Grundlage des Artikels von Landsberger im „Aufbau".[392]

Frau Shirun-Grumach hat uns freundlicherweise dieses Verzeichnis ebenfalls zugänglich gemacht, soweit es sich im Nachlaß ihres Vaters befindet. Es ist allerdings nur lückenhaft und beginnt mit zwei Werken von Liebermann auf Seite 6 der Liste; die übrigen von Landsberger erwähnten elf Werke dieses Künstlers[393] haben mit etwa 150 anderen Werken auf den fehlenden Seiten des Verzeichnisses gestanden.

War uns für die ersten Auflagen dieses Buches die Liste erst ab dem Buchstaben L zugänglich, so kennen wir inzwischen eine vollständige Aufstellung: Im Archiv des Israel Museums ist nämlich eine komplette Abschrift überliefert;[394] eine weitere ist dem entsprechenden Rückerstattungsbeschluß der Berliner Wiedergutmachungsämter vom 8. 9. 1952 beigegeben.[395] Insgesamt sind in der vollständigen Liste 450 Gemälde sowie wenige Kunstgegenstände und einige Rahmen und deren Teilstücke verzeichnet.

Wie und wann die vollständige Liste ins Israel Museum kam, ist nicht festzustellen. Interessant ist in diesem Zusammenhang, daß auch das Museum Tel Aviv um die Bilder bemüht war, und zwar schon zu einem relativ frühen Zeitpunkt. Am 16. Mai 1949 schrieb Moshe Kaniuk vom Museum Tel Aviv an den Berliner Gemeindevorsitzenden Hans-Erich Fabian: Das „Berliner Büro der Jewish Agency teilt uns mit, dass die jüdische Gemeinde in Berlin bereit ist, ein sichtbares Zeichen zum Andenken der ermordeten Juden Berlins zu errichten, indem es die Kunstwerke des früheren Jüdischen Museums in Berlin unserem Museum als Leihgabe überlässt. Wir freuen uns, Ihnen mitteilen zu können, dass auch uns dieser Plan würdig erscheint und dass wir gern das Nötige zu seiner Durchführung veranlassen werden.

Wir verstehen, dass bei einer etwaigen Wiedererrichtung des Jüdischen Museums in Berlin die Bilder auf Verlangen wieder zurückzusenden sind.

Bitte übersenden Sie uns ein Verzeichnis der Kunstwerke, damit wir bei ihrem Eintreffen hier für den entsprechenden Platz Vorsorge treffen können.

Die Bilder wollen Sie freundlicherweise direkt an die Adresse ‚Museum Tel Aviv, Israel' schicken."[396] Eine Antwort Fabians ist nicht überliefert, und zu einer Übergabe bzw. Leihgabe ist es nicht gekommen, wenngleich eine vertragliche Regelung darüber getroffen worden zu sein scheint. Kaniuk hatte in einem Brief an die Jewish Agency Berlin am 6. Mai 1949 geschrieben, daß diese Organisation die Idee hatte – also nicht die Jüdische Gemeinde Berlin! –, die Kunstwerke des einstigen Museums dem Tel Aviv Museum zu „überstellen". In dem hebräischen Brief heißt es weiter, daß „ein entsprechendes Übereinkommen mit dem Vorstand der Gemeinde in Berlin über den Transfer der Sammlung" erzielt worden war.[397] Wie wir aus anderem Zusammenhang wissen, war hieran die Israelische Botschaft in Prag beteiligt.[398]

Das Übereinkommen, das wir nicht finden konnten, wurde nicht in die Tat umgesetzt; die auf der Liste verzeichneten Kunstwerke verblieben zunächst in Berlin.

Bei Durchsicht dieser Aufstellung stoßen wir auf viele bekannte Gemälde, die in dieser Arbeit erwähnt wurden, wie z. B. von Meidner: „Rabbiner Leo Baeck"; von Oppenheim: „Sabbat-Nachmittag" und „Ludwig Börne"; von Adrian Zingg: „Moses Mendelssohn", das Bildnis von Benjamin de Lemos, dem Vater der Henriette Herz, und das Porträt des Sekretärs der „Gesellschaft der Freunde", Ludwig Lesser. Von den anderen Kunstwerken des Museums hat Grumach nur einen Bruchteil des einstigen Bestandes sicherstellen können, z. B. einen bronzenen Chanukkaleuchter, der mit dem polnischen Adler geschmückt ist, und den italienischen Ehekontrakt aus Pisa (1790), den das Museum 1937 erworben hatte.[399]

Der Finder der Kunstgegenstände schreibt in einem Brief an den letzten Direktor des Jüdischen Museums weiter, daß der Erhaltungszustand der Bilder gut sei. „Nur einige wenige und zufällig nicht sehr wertvolle Bilder sind stark zerstört, einige andere werden sich mit geringer Mühe restaurieren lassen. Über einigen hat der Himmel sichtbar seine Hand gehalten, wie z. B. über dem herrlichen Selbstbildnis von Liebermann, das unter einem Haufen leerer Rahmen in einem offenen Kellerfenster gesteckt hat und jahrelang Schnee und Regen ausgesetzt war."[400] Grumachs „Plan ging dahin, die Bilder bis zur endgültigen Entscheidung über die Zukunft der Sammlung der Kammer der Kunstschaffenden zu treuen Händen zu überlassen. Die Kammer sollte die volle Haftung für die Erhaltung der Bilder übernehmen und dafür das Recht erhalten, einzelne besonders schöne und wertvolle Stücke in ihren Repräsentations- und Amtsräumen aufzuhängen. Darüber hinaus sollte sie einzelne Teile der Sammlung... in ihre periodischen Ausstellungen aufnehmen."[401] Grumachs Plan, dem sich „auch der Magistrat der Stadt Berlin anschloß"[402], scheiterte allerdings nach seinen Angaben „an dem Leiter der Vermögensverwaltungsstelle des früheren Oberfinanzpräsidenten der Mark Brandenburg, jetzt Generalsteuerdirektion..., der die Ansicht vertrat, daß die Bilder als vom Reich beschlagnahmt und demnach jetzt nach Gesetz No. 52 von der Militärregierung weiterbeschlagnahmt seiner Verwaltung unterständen, und nicht eher ruhte, bis sie aus dem Gebäude der Kammer der Kunstschaffenden in sein nur drei Häuser entferntes Amtsgebäude überführt waren".[403]

Grumach äußerte die Hoffnung, die Militärregierung werde die „Museumsbestände auf die entsprechenden Anträge hin eines Tages wieder freigeben".[404]

Was nun geschah, läßt sich nicht genau rekonstruieren. Offenbar wurden die Kunstwerke – es handelt sich, wie Grumach richtig vermerkte, „um Millionenwerte"[405] – der Jewish Trust Corporation (JTC), einer britischen Restitutionsbehörde, übergeben.

Ob generell wiedergefundene Leihgaben aus dem Besitz des Museums den rechtmäßigen Eigentümern zurückerstattet werden konnten, war nicht zu ermitteln, ist aber stark zu vermuten, denn in einem Fall wissen wir von einer solchen Rückgabe: Harold Friedeberg teilte in den 50er Jahren seiner Tochter mit, er habe seine Leihgabe (Moritz Oppenheim: *Bernhardine Friedeberg*) zurückerhalten.[406] Wer diese Rückgabe veranlaßt und durchgeführt hat, ist nicht bekannt, vielleicht die JTC oder eine von ihr beauftragte Institution. Kapralik bietet in seinem Buch über die Arbeit der JTC detaillierte Angaben, welches Schicksal den Beständen des ehemaligen Berliner Jüdischen Museums zugedacht war.

Nach Rücksprache mit den anderen alliierten Restitutionsbehörden und dem „Council of Jews from Germany" sollten die aufgefundenen Kunstwerke folgendermaßen verteilt werden:

– 14 Bilder und den Chanukkaleuchter sollte das Hebrew Union College, Cincinnati, erhalten.

– 5 Bilder sollten nach England geschickt werden, damit sie in Emigrantenaltersheimen aufgehängt werden könnten.

– Dem gleichen Zweck sollten drei der französischen Filiale der JTC übergebene Bilder dienen.

– Der Rest sollte dem Bezalel Museum in Israel geschenkt werden. Daran war die Bedingung geknüpft, 25 bis 30 Bilder in Emigrantenaltersheimen aufzuhängen.[407]

Ob dieser Plan in allen Einzelheiten realisiert wurde, konnten wir für diesen Zusammenhang nicht nachprüfen.

Lediglich in einem Fall ist es uns möglich, Genaueres mitzuteilen, und zwar bei den Kunstwerken, die wohl durch Leo Baecks Hilfe[408] nach Amerika kamen. Sie befinden sich heute im Besitz des Hebrew Union College, Skirball Museum, Los Angeles.

Frau Direktor Nancy Berman hat uns freundlicherweise den entsprechenden Schriftwechsel zwischen dem Hebrew Union College und der Jewish Restitution Successor Organization, der amerikanischen Schwesterorganisation der

JTC, zugänglich gemacht. Danach kaufte das Hebrew Union College im Februar 1954 für 1 825,– Dollar fünfzehn Kunstwerke, die einstmals dem Berliner Jüdischen Museum gehörten.[409] Darunter befindet sich z. B. Oppenheims „Sabbat-Nachmittag".

Jakob Steinhardt (1881–1968) konnte noch erleben, daß sein 1913 entstandenes Frühwerk „Der Prophet", das er für verschollen hielt, in den sechziger Jahren auftauchte. Mit diesem wichtigen Werk, das Herwarth Walden Anlaß war, für den Künstler 1914 eine Monatsausstellung im „Sturm" zu arrangieren, war Steinhardt der künstlerische Durchbruch gelungen. Die Jüdische Gemeinde kaufte es für ihre Kunstsammlung an; später fand es in der Eingangshalle des Jüdischen Museums seinen Platz. Nach dem Novemberpogrom wurde es gestohlen; es soll in die Villa von Goebbels in Schwanenwerder am Wannsee geraten sein.[410] Die Jüdische Gemeinde Berlin (West) konnte das in einem kleinen oberbayerischen Ort aufgetauchte Bild Ende 1965 für 3 000 DM erwerben.[411] Seitdem hing es im Gemeindehaus in der Fasanenstraße; seit Mai 1995 befindet es sich in der ständigen Ausstellung des Centrum Judaicum, in den restaurierten Räumen der Neuen Synagoge.

Zadikows „Antwort an Hitler und die Nazis", sein „David", war vor fast einem Jahrzehnt (1991) in Berlin zu sehen. Wie wir in der Einleitung mitteilten, wurde er in der Ausstellung „Eine neue Kunst für ein altes Volk" gezeigt. Merkwürdig klein erschien er damals. Während sich die erste Auflage dieses Buches im Druck befand, erhielten wir einen Brief der zuständigen Kuratorin des Tel Aviv Museums, die mitteilte, daß Zadikow das Stück ca. 1934 dem Museum geschenkt habe.[412]

Anfang 1999 schickte uns Zadikows Tochter, Marianne May, Kopien einer Reihe von Briefen ihres Vaters an Schwarz aus den Jahren 1935 bis 1939.[413]

Zadikow bemühte sich um Auswanderung nach Palästina: „Ihr Brief, mein Lieber, auf den ich monatelang gewartet habe, sieht nicht verlockend aus für die Übersiedlung eines Künstlers nach Erez Jisroel", schreibt der Künstler an seinen Freund und einstigen Direktor des Berliner Jüdischen Museums Karl Schwarz am 15. April 1935. Vier Jahre später, am 21. April 1939, teilt Zadikow mit, seine Familie habe sich zur Auswanderung in die USA entschlossen, da „für uns als Künstler hier keine Erwerbsmöglichkeit mehr ist ... Wir haben bereits ein ‚affidavit‘, aber kein Reisegeld! Es ist auch kaum zu erwarten, daß wir unter jetzigen Verhältnissen hier Geld auftreiben können. Die letzte und einzige Hoffnung ist mein ‚David‘. Wenn er dort nicht verkauft werden kann, müßte er so schnell als möglich nach Amerika gebracht werden.

Die Überfahrt kostet ca. 20 £ pro Person. Ich brauche also ca. 70 £, um hinüberzukommen. Diese Summe müßte ich sofort bekommen, während man den Rest auf die nächsten 2 Jahre verteilen könnte. Ich bin andererseits gern bereit, später einmal die eine oder andere Arbeit kostenlos dem Museum v[on] Tel-Aviv zu überlassen. Damit dürfen Sie rechnen! Ich halte Wort; Sie kennen mich ja lange genug – Heute geht es hart auf hart. S. O. S. Helfen Sie uns, lieber Schwarz, wenn Sie können! Auf jeden Fall antworten Sie bitte umgehend."

Als Postscriptum fügt Zadikow hinzu: „Ich höre soeben, daß wir das Reisegeld evtl. geliehen bekommen.

Da wir aber drüben ohne jede Mittel ankommen, würde ich vorschlagen, die evtl. Zahlung so einzurichten, daß wir etwa 30 £ dort ausgezahlt bekommen – während die Restsumme mit 10 £ monatlich abgezahlt werden kann. Ich habe den offiziellen Schrieb dementsprechend abgeändert und hoffe sehr, daß es Ihnen möglich sein wird, lieber Schwarz, in dieser Form dazu beizutragen, unser hartes Schicksal etwas zu lindern."

Schwarz konnte offenbar nichts für seinen alten Freund Zadikow tun, denn am 6. Juni 1939 schreibt der Künstler: „Auf einen Ankauf meines David mit sofortiger Bezahlung habe ich zwar kaum hoffen dürfen, aber auf eine so brüske absolute Absage war ich doch nicht gefaßt. Ich hoffe es ist auch nicht das letzte Wort gesprochen, und unterbreite Ihnen heute einen 2. Vorschlag – 25 £ Anzahlung – um die Gießerkosten hereinzubekommen – 50 £ 1940 – 25 £ 1941 – 25 £ 1942.

Da ich annehmen muß, daß wir beide das gleiche Interesse daran haben, die Arbeit auf dem Platz stehen zu lassen – für den sie quasi geschaffen ist – hoffe ich, daß es Ihnen gelingen wird – wenigstens den Betrag für die Anzahlung frei zu bekommen. Es ist gerade soviel, daß ich damit unser Visum bezahlen kann."

Die Büste scheint in Tel Aviv, an dem Platz, „für den sie quasi geschaffen ist", geblieben zu sein; als terminus post quem non ist April 1939 zu nennen. Es liegt also nahe zu vermuten, daß es gelungen ist, das Stück nach der gewaltsamen Schließung des Museums infolge des Novemberpogroms auf irgendwelchen Wegen nach Palästina zu bringen. In diesem Fall wäre es aber unlogisch, daß Zadikow die „Gießerkosten" bezahlt haben will, denn das Berliner Stück war ja zur Eröffnung des Museums von einem Mäzen gestiftet worden, wie uns Schwarz 1933 im Gemeindeblatt informiert hat.[414] Ein „Verschwinden" des „David" vor November 1938 hätte die jüdische Presse sicher vermerkt; einen Hinweis darauf konnten wir nicht finden. So ist es nicht von der Hand zu weisen, daß es vielleicht zwei Güsse gegeben hat, von denen der eine nicht oder noch nicht bezahlt war.

Die Frage, ob es sich bei dem 1991 in Berlin gezeigten Stück um das aus dem Berliner Jüdischen Museum oder einen weiteren Guß handelt, ist also vorerst nicht abschließend zu beantworten.

Viele Kunstwerke sind unwiederbringlich verloren. Zu ihnen gehört wohl auch Hirszenbergs „Sie wandern". Noch während seiner Entstehung hat es die Zeitschrift „Ost und West" ihren Lesern vorgestellt.[415] Es hing dann, wie wir oben dargelegt haben, in der „Ausstellung Jüdischer Künstler", die 1907 in Berlin stattfand, und gehörte zu den umstrittenen Werken, die das Jüdische Museum in seinen Räumen beherbergte.

Selten fanden, sicher durch die Ereignisse des Tages bedingt, die Mitarbeiter des Museums Zeit, sich mit den von ihnen verwahrten und katalogisierten Schätzen ausführlicher zu beschäftigen. Zum letzten Mal tat dies Franz Landsberger im Gemeindeblatt vom 18. September 1938[416], und zwar mit Hirszenbergs „Sie wandern", jenes Bild, das, wie erwähnt, Szanto in seinen Memoiren ausführlich gewürdigt hat. Durch einen glücklichen Zufall sind wir über die Wirkung des Landsberger-Artikels unterrichtet: Nach Erscheinen der ersten Auflage dieser Publikation schrieb mir Ernest Guenther Fontheim, einstmals in Berlin beheimatet, dort „illegal" überlebt und heute in den USA lebend: „Ich muß gestehen, daß ich nie einen Fuß in das Jüdische Museum gesetzt hatte. Ein Gemälde [in Ihrer Darstellung, H. S.] erweckte allerdings meine Neugier, *Sie wandern . . .* Ich hatte nämlich eine Zeitungssammlung während der Kriegsjahre und Vorkriegsjahre angelegt." Er schreibt weiter, daß er die interessantesten Ausschnitte behalten habe. Unter diesen befindet sich auch der Artikel von Landsberger mit der sehr kleinen Abbildung des Gemäldes von Hirszenberg. „Das ist ein beinahe unglaublicher Zufall. Ich war von diesem Bild zutiefst beeindruckt, und zwar weil ich darin ganz unmissverständlich unser Kollektivschicksal und daher auch mein persönliches Schicksal sah."[417]

Hier sollte die kurze, durch Gewalt jäh beendete Geschichte des Berliner Jüdischen Museums nachgezeichnet werden, und obwohl die Akten als verloren gelten müssen, ließ sich schließlich doch so viel Material zusammenbringen, daß ein Bild entstehen konnte.

Es war aber auch unsere Absicht, zu erweisen, daß die Schließung des Museums nicht das unwiderrufliche Ende seiner Wirksamkeit bedeutet, indem wir uns bemüht haben, die vom Museum ausgegangenen Anregungen aufzugreifen und, sofern dies möglich war, Forschungen über die seinerzeit erzielten Ergebnisse hinaus weiterzuführen.

Auf das Jüdische Museum bezügliche selbständige Publikationen
(in chronologischer Reihenfolge)

Benutzungsordnung für die Kunstsammlung der Jüdischen Gemeinde zu Berlin (Wolf'sche Stiftung), o. O. und o. J. (Berlin 1917)

Besondere Bestimmungen über die Benutzung der Kunstsammlung der Jüdischen Gemeinde, o. O. (Berlin) und o. J.

Moritz Stern, Die Kunstsammlung der Jüdischen Gemeinde zu Berlin. Mitteilungen zur Eröffnung der Sammlung, Berlin, Verlag „Hausfreund", 1917. Enthält: „Albert Wolf, Ein Gedenkblatt" und „Die erste Ausstellung der Kunstsammlung der Jüdischen Gemeinde zu Berlin. Aus dem am Eröffnungstage erstatteten Bericht"

Moritz Stern, Die vierte Ausstellung der Kunstsammlung der Jüdischen Gemeinde zu Berlin, Berlin 1927 (vgl. Anmerkung 29)

Moses Mendelssohn-Ausstellung, Preußische Staatsbibliothek und Jüdische Gemeinde Berlin; Katalog, o. O. und o. J. (Berlin 1929)
Nach Angabe von Joseph Stern, a. a. O. (vgl. Anmerkung 23), S. 14, sind Moritz Stern und Karl Schwarz die Verfasser. Eine zweite, um zwanzig Seiten erweiterte Ausgabe, die Hermann M. Z. Meyer verzeichnet (Moses Mendelssohn Bibliographie, Berlin 1965, S. 5, Nr. 25), war uns nicht zugänglich.

Jüdischer Museumsverein Berlin, Satzung, o. O. und o. J. (Berlin 1929)

Bericht über die Gründungsversammlung des Jüdischen Museumsvereins Berlin (am 28. 11. 1929), Berlin 1929, Aldus Druck

Karl Schwarz, Führer durch das Jüdische Museum, Sammlungen der Jüdischen Gemeinde zu Berlin, Berlin 1933, Aldus Druck. Zweite Auflage mit Vorwort von E(rna) St(ein), Berlin 1935, Aldus Druck

Max Liebermann Gedächtnisausstellung der Jüdischen Gemeinde Berlin, Zur Erinnerung an den Todestag am 8. Februar 1935; Katalog, Vorwort Franz Landsberger, Berlin 1936, Max Lichtwitz

Reichsausstellung jüdischer Künstler im Jüdischen Museum zu Berlin, Frühjahr 1936; Katalog, Geleitwort Leo Baeck, Vorwort Max Osborn und Lisbet Cassirer, Berlin, 1936

Franz Landsberger, Gedächtnis-Ausstellung Max Fabian, Zur Erinnerung an den Todestag am 26. März; Katalog, Berlin 1936, Kunstanstalt Weylandt, G.m.b.H.

Albert J. Phiebig, Unsere Ahnen; Ausstellung veranstaltet vom Jüdischen Museum Berlin in Gemeinschaft mit dem Gesamtarchiv der Juden in Deutschland und der Gesellschaft für Jüdische Familienforschung; Katalog, Berlin 1936 (= Sondernummer der Zeitschrift „Jüdische Familien-Forschung", Jg. 12, Berlin 1936, Heft 43)

Rahel Wischnitzer-Bernstein und Josef Fried, Gedenkausstellung Don Jizchaq Abrabanel, seine Welt, sein Werk; Katalog, Geleitwort von Alfred Klee, Berlin 1937, M. Leßmann

Rahel Wischnitzer-Bernstein und Eugen Pessen, Akiba Eger Ausstellung; Katalog, Geleitwort von Alfred Klee, Berlin Chanukka 1937, M. Leßmann

Hundert Jahre jüdische Kunst aus Berliner Besitz; Katalog, Vorwort Franz Landsberger, Berlin 1937, Kahan

Moritz Stern, Aus dem Berliner Jüdischen Museum. Palästinensische Altertümer, Münzen, Medaillen, Siegel, Ringe und Kultusgeräte, mit 64 Abb.; Mitteilungen, Berlin 1937, Philo Verlag. Enthält Aufsätze, die in den Jahren 1921–1922 in der Zeitschrift „Ost und West" veröffentlicht wurden.

Verzeichnis der Ausstellungen der Kunstsammlung und des Museums

(Die Monatsangabe bezieht sich auf
das jeweilige Eröffnungsdatum)

1917
Februar: Eröffnung der Kunstsammlung der Jüdischen Gemeinde zu Berlin (Wolf'sche Stiftung)

1920
Eröffnung der zweiten Ausstellung der Kunstsammlung

1925
Eröffnung der dritten Ausstellung der Kunstsammlung

1927
Eröffnung der vierten Ausstellung der Kunstsammlung

1929 und 1930
Ausstellungen von Kinderzeichnungen in der Kunstsammlung

1933
24. Januar: Eröffnung des Jüdischen Museums

1934
April: Spiro-Meidner-Ausstellung
Oktober: Porträt-Ausstellung

1935
März: Maimonides-Ausstellung
Mai: Frühjahrsausstellung jüdischer Künstler
September: Emil Pottner – Ephraim Mose Lilien-Ausstellung
Dezember: Ausstellung Jemenitischen Schmucks;

Chanukka-Ausstellung (Altjüdisches Kultgerät aus Privatbesitz)

1936
Januar: Jüdische Künstler stellen aus (Henry Happ und Peter Fingesten)
Februar: Max Liebermann-Gedächtnisausstellung
April: Reichsausstellung jüdischer Künstler
September: Gedächtnisausstellung Max Fabian
November: Sonderschau im Eingangsraum (Zeugen aus dem Biedermeier),
Unsere Ahnen

1937
Januar: Ausstellung von Neuerwerbungen
März: Das Jüdische Plakat
April: Frühjahrsausstellung Berliner jüdischer Künstler
Juni: Gedenkausstellung Don Jizchaq Abrabanel
Oktober: Ernst und Alexander Oppler-Ausstellung
Dezember: Gedenkausstellung Rabbi Akiba Eger;
Hundert Jahre jüdische Kunst aus Berliner Besitz

1938
März: Aus kleinen jüdischen Gemeinden, Ausstellung von Kultgegenständen

Register

Anmerkungen

1 Vgl. „Eine neue Kunst für ein altes Volk". Die Jüdische Renaissance in Berlin 1900–1924, Ausstellungsmagazin Nr. 28, Museumspädagogischer Dienst Berlin 1991, S. 4 f.

2 Sybille Wirsing, Das Loch zwischen Aufklärung und Fortschritt. Zehn Heimkehrer auf Probe, Leihgaben aus Jerusalem im Berlin Museum, Der Tagesspiegel 8. 11. 1991, S. 17

3 Villa Grisebach, Auktionen Nr. 21 (29. 11. 1991), Nr. 7. Das Bildnis ist falsch datiert und zwar „um 1925/30". Als Provenienz ist angegeben: „Privatsammlung, Tel Aviv".

4 Sotheby's Nineteenth and Twentieth Century Paintings, Drawings and Sculpture, Tel Aviv, 20. 10. 1992, Nr. 16. Die Datierung entspricht der bei Grisebach; eine Provenienz ist nicht angegeben.

5 Vgl. Hermann Simon (Hg.), Katalog „Was vom Leben übrig bleibt, sind Bilder und Geschichten". Max Liebermann zum 150. Geburtstag. Rekonstruktion der Gedächtnisausstellung des Berliner Jüdischen Museums von 1936. – Ausstellung der Stiftung „Neue Synagoge Berlin – Centrum Judaicum" gemeinsam mit dem Museumspädagogischen Dienst Berlin und der Max-Liebermann-Gesellschaft Berlin, Berlin 1997, S. 258

6 Vgl. Herbert S. Levine, A Jewish Collaborator in Nazi Germany: The Strange Career of Georg Kareski, 1933–37, Central European History, Atlantic Highlands, NJ., Bd. 8 1975, S. 252 ff.

7 Auf diese Tatsache hat bereits der Vorsitzende der Gemeinde, Direktor Heinrich Stahl (1868–1942), hingewiesen. In einem an den verdienten Schulmann Joseph Gutmann (1865–1941) gerichteten Brief vom 14. Juli 1939 heißt es: „Wenn einmal die Geschichte der Jüdischen Gemeinde zu Berlin geschrieben wird, wird auch Ihr Name an hervorragender Stelle glänzen." (Joseph Gutmann, Von Westfalen nach Berlin, Lebensweg und Werk eines jüdischen Pädagogen, redigiert und bearbeitet von Hans Meyer, Haifa 1978, S. 112)

8 2. Buch Mosis 20,4 und 5. Buch Mosis 5,8

9 Der Katalog ist uns nicht zugänglich. Vgl. Franz Landsberger, Jüdisches Museum – heute, Jüdischer Kulturbund Berlin, Monatsblätter, Jg. 5, 1937, Heft 1, S. 3

10 Vgl. Joseph Gutmann, Jüdische Kunst, in: Judentum, herausgeg. von B. Rübenach, Stuttgart 1981, S. 167, 171

11 Vgl. Ebenda, S. 167

Karl Schwarz macht in seinem Aufsatz „Das Jüdische Museum –
eine Kulturforderung" auf die Zeitschrift „Margarita" aufmerksam, die uns nicht zugänglich war. Sie wurde im Sommer 1874 in
Berlin begründet (herausgegeben von A. Willmars für den Verein
für die Geschichte der Israeliten), brachte es aber nicht über das
erste Heft. „In dem Vorwort finden wir zum ersten Mal das Wort
‚Kunst' im Zusammenhang mit der Geschichte der Gemeinden,
des Rechts, der Literatur und Wissenschaft erwähnt. Es blieb vorerst bei dem Wunsche, jüdische Kunst zu erforschen. Die Zeit
scheint damals hierfür noch nicht reif gewesen zu sein."
(Schwarz, Jahrbuch für Jüdische Geschichte und Literatur 29,
Berlin 1931, S. 213). Die Zeitschrift „Margarita" war trotz größter
Bemühungen nicht zu finden. Das Titelblatt (Vorwort) des
ersten Heftes (1874) bildet Kirschstein (vgl. Anm. 19) ab.

12 Vgl. Dr. Samuel, Von der Ausstellung jüdischer Bauten und Kulturgegenstände zu Düsseldorf, Allgemeine Zeitung des Judentums 72, 1908, S. 368 ff.

13 Katalog Ausstellung jüdischer Künstler, Berlin; Galerie für alte
und neue Kunst, November – Dezember 1907. Uns ist nur die
erste Auflage zugänglich. Darüber, daß eine zweite „textlich
ergänzte" Auflage erschien, berichtet der „Gemeindebote", Beilage zur „Allgemeinen Zeitung des Judentums", vom 13. Dezember 1907 (S. 2).

14 So z. B. Hirszenbergs „In der Verbannung" (auch genannt „Golus"
oder „Sie wandern") und der Toravorhang aus dem Besitz der
Alten Synagoge (aus dem Jahr 1590)

15 Vorwort des Kataloges, a. a. O. (vgl. Anmerkung 13), S. V

16 Ebenda, S. VII

17 Ein Nachruf auf Albert Wolf findet sich im Gemeindeboten vom
1. März 1907. Die Kunstsammlung besaß ein Gemälde ihres Stif-
ters. (H. L., Zur Wiedereröffnung der Berliner Kunstsammlung,
Israelitisches Familienblatt Hamburg 28. 1. 1926, S. 13)

18 The Central Archives for the History of the Jewish People Jerusalem, P 17/107

19 Salli Kirschstein, Jüdische Graphiker aus der Zeit von 1625–1825,
Berlin 1918

20 Allgemeine Zeitung des Judentums. Ein unparteiisches Organ
für alles jüdische Interesse, 69, 1905, (herausgeg. von Ludwig Phi-
lippson), S. 102

21 Moritz Stern: Albert Wolf, Ein Gedenkblatt. – Die erste Ausstellung der Kunstsammlung der Jüdischen Gemeinde zu Berlin.
Aus dem am Eröffnungstage erstatteten Bericht, in: Moritz Stern,

Die Kunstsammlung der Jüdischen Gemeinde zu Berlin. Mitteilungen zur Eröffnung der Sammlung, Berlin 1917, S. 7

22 Franz Landsberger, 20 Jahre Jüdisches Museum, Central-Verein-Zeitung (im folgenden als C.-V.-Ztg. zitiert) 18. 2. 1937, 2. Beiblatt. Vgl. auch Karl Schwarz, Die Kunstsammlung der Jüdischen Gemeinde zu Berlin, Oktober 1927, S. 293

23 Joseph Stern: Moritz Stern, Bibliographie seiner Schriften und Aufsätze, Jerusalem 1939, S. 5, Fußnote

24 Vgl. Anmerkung 21
Der Bericht ist auch separat veröffentlicht in: Allgemeine Zeitung des Judentums, 81, 1917 (herausgeg. von Ludwig Geiger), S. 138. Vgl. auch Moritz Stern, Zur Eröffnung der Kunstsammlung der Jüdischen Gemeinde zu Berlin, in: Ost und West, Monatsschrift für das gesamte Judentum, herausgegeben und redigiert von Leo Winz, 17, Berlin 1917, Sp. 89 ff.

25 Benutzungsordnung für die Kunstsammlung der Jüdischen Gemeinde zu Berlin (Wolf'sche Stiftung), Berlin 1917; ergänzt durch: Besondere Bestimmungen über die Benutzung der Kunstsammlung der Jüdischen Gemeinde, o. O. (Berlin) und o. J.

26 Moritz Stern, Zur Eröffnung der Kunstsammlung der Jüdischen Gemeinde, a. a. O. (vgl. Anmerkung 24), Sp. 94

27 Moritz Stern, Aus dem Berliner Jüdischen Museum. Palästinensische Altertümer, Münzen, Medaillen, Siegel, Ringe und Kultusgeräte, mit 64 Abbildungen. Mitteilungen, Berlin 1937

28 (Moritz Stern) Zum 25jährigen Bestehen der Gemeindebibliothek. Kunstsammlung der Jüdischen Gemeinde zu Berlin (Wolf'sche Stiftung), Israelitisches Familienblatt (Ausgabe für Groß-Berlin) 3. 2. 1927, Berliner Chronik, S. 10

29 Moritz Stern, Die Vierte Ausstellung der Kunstsammlung der Jüdischen Gemeinde zu Berlin, Berlin 1927. Eine zweite, inhaltlich unveränderte Auflage erschien 1928. Es scheint uns bemerkenswert, daß die Titelblätter beider Auflagen differieren: Die Überschrift „Bibliothek und Kunstsammlung der Jüdischen Gemeinde zu Berlin" und die letzte Zeile des Titelblattes „Verlag der Bibliothek und Kunstsammlung" sind in der zweiten Auflage weggelassen.

30 Gemeindebote 20. 2. 1920, S. 2

31 Ebenda

32 Rahel Wischnitzer-Bernstein, Ausstellung von Kinderzeichnungen (in der Kunstsammlung der Jüdischen Gemeinde), Jüdische Rundschau (im folgenden als J. R. zitiert) 15. 2. 1929, S. 80 und 8. 4. 1930, S. 197

33 Erna Stein, Die unbekannte Kunstsammlung. Neue Breslauer Zeitung 5. 7. 1931, S. 10

34 Der Kunstwanderer 11, 1929, S. 145

35 Wird im Herbst 2000 bei Hentrich & Hentrich, herausgeg. von Chana C. Schütz und Hermann Simon, als Band 4 der Reihe „Jüdische Memoiren" unter dem Titel „Jüdische Kunst – Jüdische Künstler. Erinnerungen des ersten Direktors des Berliner Jüdischen Museums" erscheinen.

36 J. R. 12. 2. 1937, S. 16

37 Moritz Stern, Aus dem Berliner Jüdischen Museum, a. a. O. (vgl. Anmerkung 27), Vorwort

38 Vgl. Jüdisches Jahrbuch für Groß-Berlin auf das Jahr 1926, bearb. u. herausgeg. von J. Segall, Berlin (1926), S. 159

39 Rahel Wischnitzer-Bernstein. In memoriam Salli Kirschstein, J. R. 8. 2. 1935, S. 9

40 Vgl. Alfred Loewenberg, Der Sammler Salli Kirschstein, C.-V.-Ztg. 17. 1. 1935, 2. Beiblatt

41 Vgl. Hermann Simon, Ein leidenschaftlicher Judaica-Sammler: Salli Kirschstein, in: Gerhard Hentrich. Der Verleger. Eine Festschrift zum 70. Geburtstag, Berlin 1994, S. 224

42 Rahel Wischnitzer-Bernstein, a. a. O. (vgl. Anmerkung 39)

43 Die Mitteilung von Karl Schwarz (Das Jüdische Museum – eine Kulturforderung, Jahrb. f. Jüd. Gesch. und Lit. 29, Berlin 1931, S. 216), die Sammlung sei bereits 1925 „in das Hebrew Union College . . . ausgewandert", scheint auf einem Irrtum zu beruhen. Max Osborn hatte die Sammlung im Frühjahr 1926 ausführlich gewürdigt und angekündigt, daß sie „demnächst die Schiffsreise nach Westen" antreten werde. (Ein Museum jüdischer Kunst, Der Schild. Zeitschrift des Reichsbundes jüdischer Frontsoldaten e.V., Berlin, 15. 3. 1926, S. 1) Die Sammlung ging also erst 1926, wie auch Jacobson im Nachruf auf Kirschstein schrieb (vgl. Anmerkung 50), „geschlossen in den Besitz des Hebrew Union College" über.

44 Jüdisches Jahrbuch für Groß-Berlin, 2. Ausgabe herausgeg. Von Jacob Jacobson, Berlin 1928, S. 88–95

45 Ebenda, S. 88

46 Ebenda, S. 95

47 Ebenda

48 Ebenda, S. 88 f.

49 Rahel Wischnitzer-Bernstein, 20 Jahre Jüdisches Museum, J. R. 12. 2. 1937, S. 16

50 (Jacob) J(acobson), Salli Kirschstein zum Gedächtnis, Gemeinde-

blatt der Jüdischen Gemeinde zu Berlin. Amtliches Organ des Gemeindevorstandes, 20.1.1935, S.7

51 Satzung des Jüdischen Museumsvereins Berlin, o.O. und o.J. (Berlin 1929)

52 Das lückenhaft erhaltene Vereinsregister des ehemaligen Amtsgerichts Berlin-Mitte enthält die Eintragung ebenso wenig wie das Register des Amtsgerichts Charlottenburg.

53 Einladung zur Gründungsversammlung des Jüdischen Museumsvereins Berlin, o.O. und o.J. (Berlin 1929)

54 Bericht über die Gründungsversammlung des Jüdischen Museumsvereins Berlin, o.O. und o.J. (Berlin 1929), nicht paginiert (S.1)

55 Ebenda, S.2

56 Ebenda, S.3 f.

57 Ebenda, S.4

58 Ebenda, S.5

59 Karl Schwarz, Die Kunstsammlung der Jüdischen Gemeinde zu Berlin, Gmbl. Oktober 1930, S.453

60 Ebenda, S.456

61 Verwaltungsbericht des Vorstandes der Jüdischen Gemeinde zu Berlin 1926–1930 (Beilage zur Sondernr. Gmbl. November 1930), 7. Kunstsammlung, S.27

62 Karl Schwarz, Jüdisches in „Altes Berlin", Gmbl. Juli 1930, S.324 f.

63 Max Osborn, Das Berliner „Jüdische Museum". Neuerwerbungen der Gemeinde-Sammlung, C.-V.-Ztg. 3.4.1931, S.173

64 Ebenda

65 Ebenda

66 Ebenda

67 Zahlenangaben nach Max Osborn, Ein „Jüdisches Museum" in Berlin, C.-V.-Ztg. 22.7.1932, S.317

68 Brief von Dr. Karl Schwarz vom 12.10.1932, Staatliche Museen zu Berlin – Preußischer Kulturbesitz, Zentralarchiv, I/V AM 73

69 Ebenda, Vorderseite des Briefes

70 Antwort von Direktor Dr. Andrae vom 18.10.1932, ebenda. Ob Schwarz Kopien bestellt hat, läßt sich nicht ermitteln. Der „Führer durch das Jüdische Museum" (verfaßt von Schwarz, Berlin 1933) bildet einen „Siebenarmigen Leuchter aus der Synagoge Priene" ab. Es handelt sich dabei mit Sicherheit um das Exemplar bzw. dessen Kopie, das sich noch heute im Besitz der Staatlichen Museen befindet; allerdings ist es im genannten „Führer" seitenverkehrt abgebildet. Einen Brief von Schwarz, der die Ausleihe

des Leuchters aus der Synagoge Priene bzw. dessen Kopie betrifft, konnten wir im Archiv der Staatlichen Museen nicht finden.

71 Brief von Dr. Karl Schwarz, a. a. O. (vgl. Anmerkung 68), Vorderseite

72 Max Osborn, Ein „Jüdisches Museum" in Berlin, a. a. O. (vgl. Anm. 67), S. 316

73 Das Jüdische Museum in Berlin eröffnet, J. T. A. 12, Nr. 21 vom 26. Januar 1933

74 Ebenda, S. 1

75 Brief von James Yaakov Rosenthal vom 9. 6. 1980 an den Verfasser. Vgl. auch J.Y. Rosenthal, „Letzte Post" – Museumsweihe 1933, Nachrichtenblatt des Verbandes der Jüdischen Gemeinden der DDR, Dresden Dezember 1982, S. 9 f.

76 Brief Rosenthals vom 9. 6. 1980

77 St(ern)?, Endlich Berliner jüdisches Museum. Aus alter und neuer Zeit (Beilage zum Israelitischen Familienblatt), Nr. 3/ 1933. Daß es sich bei der Abkürzung St. um Stern handelt, vermutet Erna Stein in einem Brief vom 22. 5. 1983 an den Verfasser.

78 J. T. A. Nr. 52 vom 3. März 1933

79 Karl Schwarz, Das Jüdische Museum zu Berlin, Gmbl. Februar 1933, S. 35

80 Zeitschrift für die Geschichte der Juden in Deutschland, 6, 1935, S. 113–130

81 Die Judaica-Sammlung S. Kirschstein Berlin. Versteigerung in der Galerie Hugo Helbing, München, 9.–11. Juli 1932, Nr. 322.

82 Moritz Stern, Gutachten und Briefe David Friedländers, a. a. O. (vgl. Anm. 80), S. 123

83 Vgl. Hermann Simon, Die Mendelssohn-Büste in der Oranienburger Str. 28, Nachrichtenblatt der Jüdischen Gemeinde von Berlin und des Verbandes der Jüdischen Gemeinden in der DDR, Dresden und Berlin Juni 1980, S. 6 f.

84 Erna Stein, Geburtstagsbrief an Dr. Karl Schwarz, MB (= Mitteilungsblatt), Wochenblatt des Irgun Olej Merkas Europa, Tel Aviv 22. 4. 1955, S. 8

85 Ost und West, Monatszeitschrift für das gesamte Judentum, herausgegeben und redigiert von Leo Winz, 12, Berlin 1912, Sp. 771 f.

86 Jarmila Skochov hat aus dem im Staatlichen jüdischen Museum Prag befindlichen Nachlaß des Arztes, Malers und Schriftstellers Karel Fleischmann dessen literarischen Nachruf auf Zadikow publiziert. (Das literarische Schaffen Karel Fleischmanns im Konzentrationslager Theresienstadt, Judaica Bohemiae 18, 1, Praha 1982, S. 3 ff., besonders S. 11 f.)

87 Mitteilungen der Congregation Beth Hillel, Nr. 78, Januar 1950, S. 6 f.

88 Ebenda, S. 7

89 Wir danken Frau Marianne Z. May (geb. Zadikow), der Tochter des Künstlers, sehr herzlich dafür, daß sie uns eine Kopie dieses Gedichtes zur Verfügung gestellt hat, und für Auskünfte, die das Werk ihres Vaters betreffen.

90 Livius Fürst, Moritz Oppenheim, Illustrierte Monatshefte für die gesamten Interessen des Judentums, I, Wien 1865, S. 21

91 Georg Heuberger und Anton Merk (Hg.), Katalog: Moritz Daniel Oppenheim. Die Entdeckung des jüdischen Selbstbewußtseins in der Kunst, Jüdisches Museum Frankfurt/M. 1999; Werkverzeichnis von Ljuba Berankova, Erik Riedel und Annette Weber, Nr. II 43 und 47, S. 355 f.

92 J. C. Nelkenbrechers allgemeines Taschenlexikon der Münz-, Maaß- und Gewichtskunde für Banquiers und Kaufleute, 14. Auflage herausgegeben von J. Bock und C. Crüger, Berlin 1828, S. 129

93 Oppenheim erwähnt diesen Brief in seiner Autobiographie; vgl. Moritz Oppenheim, Erinnerungen, herausgeg. von Alfred Oppenheim. Frankfurt/M. 1924, S. 92. Im Nachwort des Herausgebers wird der Wortlaut zitiert (S. 103 f.). Er war bereits publiziert im redaktionellen Nachwort zu: Gabriel Riesser, Moritz Oppenheim, in: Volkskalender und Jahrbuch für Israeliten auf das Jahr 5614, herausgeg. von K. Klein, Stuttgart 1854, S. 25.
Vgl. auch die ausgezeichnete Studie „Moritz Daniel Oppenheim" von Elisheva Cohen (Bull. des Leo Baeck Instituts N.F. 16./17. Jahrg., Nr. 53/54, Tel-Aviv 1977/78, S. 42 ff.).

94 Auf Anfrage teilte uns das Stadtarchiv Frankfurt/M. bedauernd mit, daß der Verkauf des Börne-Porträts dort nicht dokumentiert ist (Schreiben vom 6. 9. 82).

95 Max Osborn, Das Jüdische Museum in Berlin, C.-V.-Ztg. 23. 2. 1933, S. 66

96 Ebenda

97 Moritz Stern, Der Oberlandesälteste Jacob Moses, Mitteilungen aus den Akten. Beiträge zur Geschichte der jüdischen Gemeinde zu Berlin, Heft 1 Berlin 1926, S. 5 (= Separatabdruck aus den Mitt. d. Gesamtarchivs der deutschen Juden 6, 1926, S. 14–40) Vgl. auch Ders., Jacob Moses, Gmbl., 1927, S. 112 f.

98 Max Osborn, Jüdisches Museum, Vossische Zeitung 25. 1. 1933 (Abendausgabe), Unterhaltungsblatt Nr. 25, S. 2

99 Moritz Stern, Der Thora-Vorhang in der Alten Synagoge, Israelitisches Familienblatt (Ausgabe für Groß-Berlin) 24. 5. 1928, Berliner Chronik, S. 2

100 Die Angabe bei Stern (ebd.) ist ungenau. Er bezieht sich auf eine anders formulierte Parallelstelle (Proverbia I, 7).

101 Moritz Stern, Aus dem Berliner Jüdischen Museum, a. a. O. (vgl. Anm. 27), Sp. 91

102 Ebenda

103 Vgl. die von Stern verfaßte Bibliographie in: „Albert Wolf, Ein Gedenkblatt" (vgl. Anm. 21)

104 1. Biblische Personen und Begebenheiten
2. Personen jüdischen Bekenntnisses und jüdischer Abstammung
3. Synagogen, Schulen, Stiftungen
4. Jüdischer Ritus
5. Zur Geschichte der Juden
6. Varia
7. Allgemeine Medaillen jüdischer Medailleure

105 Vgl. Tassilo Hoffmann, Jacob Abraham und Abraham Abramson, 55 Jahre Berliner Medaillenkunst, 1755–1810, Frankfurt/M. 1927, S. 39 f. Schwarz bildet das Stück ohne Erklärung ab (Führer durch das Jüdische Museum, Berlin 1933, Ende des Vorwortes).

106 Erna Stein, Das Jüdische Museum zu Berlin, Blätter des Jüdischen Frauenbundes, Februar 1933, S. 6

107 So z.B. Alfred Loewenberg, Der Sammler Salli Kirschstein, a. a. O. (vgl. Anm. 40)

108 Vorbemerkungen „Zur Beachtung" im Versteigerungskatalog der Sammlung Kirschstein, a. a. O. (vgl. Anm. 81)

109 A(dolph) D(ohnath), Jüdisches Museum, Bildgalerie und Kultgerät, Berliner Tageblatt 25. 1. 1933 (Abendausgabe)

110 Curt Glaser, Das neue „Jüdische Museum", Berliner Börsen-Courier 25. 1. 1933 (Abendausgabe), S. 2

111 Ebenda

112 Ebenda

113 Max Osborn, Jüdisches Museum, Vossische Zeitung a. a. O. (vgl. Anm. 98)

114 Glaser, a. a. O. (vgl. Anm. 110)

115 Ebenda

116 Berliner Museen, Berichte aus den Preußischen Kunstsammlungen, Beiblatt zum Jahrbuch der Preußischen Kunstsammlungen 54, 1933, S. 104

117 Max Osborn, Den Maßstab nicht verlieren. Grundsätzliches zur jüdischen Kunstkritik, C.-V.-Ztg. 19. 12. 1935

118 Ebenda

119 Erna Stein, Geburtstagsbrief an Dr. Karl Schwarz, a. a. O. (vgl. Anm. 84)

120 Vgl. Max Osborn, Neuerwerbung des Jüdischen Museums, Gmbl. 24. 1. 1937, S. 5

121 Erna Stein, Geburtstagsbrief, a. a. O. (vgl. Anm. 84)

122 Heinrich (fälschlich für Hermann) Schildberger, Ein Jahr Künstlerhilfe, Gmbl. 7. 7. 1934, S. 3 f.

123 M(ax) O(sborn): Erna Stein-Blumenthal, Gmbl. 12. 5. 1935, S. 8

124 Vgl. ebenda

125 Erna Stein, Ein Jahr Jüdisches Museum, Gmbl. 9. 2. 1934, S. 3

126 Ebenda

127 Ebenda

128 Ebenda

129 Vgl. Ludwig Lesser, Chronik der Gesellschaft der Freunde in Berlin. Zur Feier ihres fünfzigjähriges Jubiläums, Berlin 1842; Dr. (Martin) Steinthal, Nachtrag zur Chronik der Gesellschaft der Freunde in Berlin vom Jahre 1842 bis 1872, Berlin 1873 und Hermann Baschwitz, Rückblick auf die hundertjährige Geschichte der Gesellschaft der Freunde zu Berlin und Nachtrag der Chronik bis zum Schluss des Jahres 1891, Berlin 1892

130 Ludwig Lesser, a. a. O., S. 16, bietet irrtümlich die falsche Namensform Abrahamson (statt Abramson) und teilt ferner mit, der Berliner Künstler sei „Hofmedailleur" gewesen. Diesen Titel trug aber Daniel Loos. (Vgl. Tassilo Hoffmann, Jacob Abraham und Abraham Abramson, a. a. O. [vgl. Anm. 105], S. 31)
Zu Abraham bzw. Abramson vgl. L(ore) Börner, in: Allgemeines Künstlerlexikon, Band 1, Leipzig 1983, S. 156 ff.

131 Brief der „Gesellschaft der Freunde" vom 18. 3. 1922, Staatliche Museen zu Berlin, Nationalgalerie, Archiv, Acta Generalia 24, Band V, Nr. 385/1922

132 Ebenda

133 Brief Justis an die „Gesellschaft der Freunde" vom 20. 3. 1922, ebenda

134 Brief der „Gesellschaft der Freunde" an Justi vom 23. 3. 1922, ebenda

135 M. Steintal, a. a. O. (vgl. Anm. 129), S. 15

136 Archiv der Nationalgalerie, Acta Specialia 24, Band IV, Nr. 437/1933 und Acta Generalia (vgl. Anm. 131).

137 Acta Specialia, a. a. O. Der Versicherungswert betrug RM 6000,– die Versicherungsgebühr RM 23,10.

138 Acta Specialia, a. a. O.

139 Paul Ortwin Rave, Kunstdiktatur im Dritten Reich, Hamburg 1949, S. 32

140 Handschriftlicher Vermerk auf dem Durchschlag eines Briefes der Nationalgalerie an die „Gesellschaft der Freunde" vom 29. 6. 1933, Acta Specialia, a. a. O. (vgl. Anm. 136)

141 L(utz) W(eltmann), Ein Vormittag im Berliner Jüdischen Museum, C.-V.-Ztg. 26. 7. 1934, 1. Beiblatt

142 Verwaltungsbericht des Vorstandes, a. a. O. (vgl. Anm. 61)

143 Erna Stein, Das Jüdische Museum in Berlin, J. R. 23. 2. 1934, S. 13

144 Ebenda

145 Ebenda

146 Vgl. die Mitteilung in der C.-V.-Ztg. vom 13. 6. 35, Berliner Blatt

147 Vgl. Dr. Lotte Pulvermacher, Vom Schaffen des Künstlers, Veranstaltung der jüdischen Künstlerhilfe, Gmbl. 24. 2. 34, S. 3 f.

148 Vgl. Dr. Lutz Weltmann, Kalender der Künstlerhilfe, Gmbl. 28. 7. 1934, S. 6, und Ders., Neuer Kalender der Künstlerhilfe, Gmbl. 4. 8. 1935, S. 4

149 Dr. B(adt)-St(rauß), Für die Künstlerhilfe der Jüdischen Gemeinde, Israelitisches Familienblatt (Ausgabe für Groß-Berlin), 22. 2. 1934, S. 13

150 -bs-(=Badt-Strauß), Das Jüdische Museum in Berlin ruft zur Künstlerhilfe auf, Bayerische Israelitische Gemeindezeitung, 1934, Nr. 5, S. 91 f.

151 L(othar) B(rieger), Tee der Künstlerhilfe, C.-V.-Ztg. 26. 4. 34, 2. Beiblatt

152 M(ax) O(sborn), Die Spiro-Meidner-Ausstellung, Gmbl. 5. 5. 34, S. 3

153 Im Jüdischen Museum: Bilder, Worte, Dichtung, Tee, Jüdisch-Liberale Zeitung 24. 4. 1934

154 Vgl. Max Osborn, Die Spiro-Meidner-Ausstellung, a. a. O. (vgl. Anm. 152); Franz Landsberger, Zwei Künstlergeburtstage, Eugen Spiro/Ludwig Meidner, C.-V.-Ztg. 12. 4. 1934, 2. Beiblatt; Lutz Weltmann: Ludwig Meidner, Maler und Dichter, Mitt. der Jüdischen Reformgemeinde zu Berlin, Nr. 4, 15. 4. 1934, S. 1 ff.

155 Hans Tramer, Das Judenproblem im Leben und Werk Ludwig Meidners, Bulletin des Leo Baeck Instituts, N. F. 16./17. Jahrg., Nr. 53/54, Tel-Aviv 1977/78, S. 104, Fußnote 74

156 Thomas Grochowiak, Ludwig Meidner, Recklinghausen 1966, S. 231

157 Ludwig Meidner, Dichter, Maler und Cafés, herausgeg. von L. Kunz, Zürich 1973, S. 83 ff.

158 Eugen Spiro, Katalog Berlin Museum, 16. 9.–2. 11. 1969 (von Irmgard Wirth)

159 Ludwig Meidner, Katalog Kunsthalle Recklinghausen, 27. 10. bis 8. 12. 1963 (mit einem Vorwort von Th. Grochowiak); Ders., Katalog Kunstverein Darmstadt 22. 3.–26. 4. 1970; Ders., Katalog Kunstverein Wolfsburg 2. 6.–14. 7. 1985

160 Vera Liebrecht, Eugen Spiro. Leben und Werk, Phil. Diss. Technische Hochschule Aachen 1987, S. 113 (unter Bezugnahme auf den Erstdruck der vorliegenden Arbeit von 1983); Wilko von Abercron, Eugen Spiro 1874–1972. Spiegel eines Jahrhunderts, Alsbach 1990, S. 23, 73

161 Tramer, a. a. o. (vgl. Anm. 142), S. 125
   Tramer weist darauf hin, (ebd. Anm. 114), dass die gedruckte Fassung des Scheyerschen Vortrages („Ernte der Synagoga, Zeugnisse jüdischer Geistigkeit", herausgeg. von Meyer, Michaelis, Lorenz, Frankfurt/m. 1962, S. 104) berichtigt ist.

162 Bedeutsam besonders die Darmstädter Ausstellung 15. 9.–1. 12. 1991, als Buch: Gerda Breuer/Ines Wagemann, Ludwig Meidner. Zeichner, Maler, Literat, 1884–1966, 2 Bde. Stuttgart 1991; außerdem Ljuba Berankova/Erik Riedel, Apokalypse und Offenbarung. Religiöse Themen im Werk von Ludwig Meidner, 1996 (Schriftenreihe des Jüdischen Museums Frankfurt am Main, Bd. 5); Ludwig Meidner 1884–1996, Kneipe und Caf, Stadtmuseum Hofheim am Taunus 4. 11. 1994–8. 1. 1995 und Kunsthalle Recklinghausen 15. 1.–12. 2.1995; Gerhard Leistner, Ludwig Meidner Bildnis des Dichters Ferdinand Hardekopf 1915, Museum Ostdeutsche Galerie Regensburg 1997; In diesen vier Publikationen ist stets die Doppelausstellung Ludwig Meidner und Eugen Spiro verzeichnet.

163 Max Osborn, Jüdische Köpfe. Ausstellung im Jüdischen Museum, Gmbl. 6. 10. 1934, S. 2

164 Ebenda

165 Franz Landsberger, Jüdische Köpfe. Zur Bildnisausstellung im Jüdischen Museum, J. R. 14. 9. 1934, S. 13

166 O(lga) B(loch), Porträt-Ausstellung im Berliner Jüdischen Museum, C.-V.-Ztg. 21. 9. 1934, 1. Beiblatt

167 Blasius Ugolinus, Thesaurus antiquitatum sacrarum, Band 1, Venedig 1744, Sp. 383 f.

168 nach A(ron) S(andler), Maimonides, Lebenslauf, Jüdisches Lexikon, Band 3, Berlin 1929, Sp. 1307

169 Das Gutachten ist ebenda faksimiliert.

170 Im „Verzeichnis der von der Gesellschaft der Freunde bei der

Nationalgalerie verwahrten Kunstwerke" (vgl. Anm. 136) findet sich „Moses Mendelssohn... Zeichnung von Daniel Chodowiecki, Sammlung R. P. G.". Vermutlich handelt es sich um dieses Stück.

171 Ludwig Geiger, Eine bildliche Darstellung von Moses Mendelssohn, Zeitschrift für die Geschichte der Juden in Deutschland, 5, 1892, S. 105

172 Ebenda

173 Ebenda

174 Anekdoten von König Friedrich II. von Preußen, und von einigen Personen, die um Ihn waren, XXXI. Von Moses Mendelssohn, herausgegeben von Friedrich Nicolai, 3. Heft, Berlin 1789, S. 278 ff.

175 Bruno Strauß, Moses Mendelssohn in Potsdam am 30. September 1771. Eine kleine Aufhellung. (Den Mitgliedern und Freunden der Soncino-Gesellschaft gewidmet zum 17. Februar 1929 von Hermann Meyer), o. O. und o. J. (Berlin 1929), in 250 Exemplaren, unpaginiert

176 Ludwig Geiger, Über Moses Mendelssohn, 1. C. F. Behm à Messieurs Ephraim et fils, Berlin, Zeitschrift für die Geschichte der Juden in Deutschland, 5, 1892, S. 395 f.

177 Bruno Strauß, a. a. O. (vgl. Anm. 175)

178 Ebenda

179 August Hagen, Der Maler und Kupferstecher Lowe, Neue Preußische Provinzblätter, N. F. 3, Königsberg 1853, S. 317

180 H(einrich) Jolowicz, Geschichte der Juden in Königsberg i. Pr., Posen 1867, S. 102

181 Es handelt sich um die Autobiographie des Historikers und Staatsmannes Johannes von Müller (1752–1809)

182 Johann Wolfgang von Goethe, Sämtliche Werke, Jubiläumsausgabe, Stuttgart-Berlin (1902–1912), Band 36, S. 218 ff.

183 Karl Schwarz, Moses Mendelssohn im Bilde, in: Der Orden Bne Briss, Mitteilungen der Grossloge für Deutschland VIII U. O. B. B., Nr. 9, September 1929 (Moses Mendelssohn zum Gedenken anläßlich der 200. Wiederkehr seines Geburtstages [am] 6. September 1929), S. 162

184 Ebenda, S. 162 f.

185 Otto Zarek, Moses Mendelssohn. Ein jüdisches Schicksal in Deutschland, Amsterdam 1936, S. 264

186 Bruno Strauß, Moses Mendelssohn in Potsdam am 30. September 1771. Mit einem Essay von Eva J. Engel, herausgeg. von Julius H. Schoeps und Hermann Simon, Berlin 1994

187 Max Osborn, Jüdische Köpfe, a. a. O. (vgl. Anm. 163)

188 Vgl. Eugen Pessen, Führer durch die Maimonides-Ausstellung, Gmbl. 31. 3. 1935, S. 10

189 Vgl. Gusti Hecht, Besuch bei jüdischen Künstlern, Gmbl. 15. 12. 1935, S. 10

190 Vgl. Max Osborn, Berliner Frühjahrsausstellung jüdischer Künstler, Gmbl. 5. Mai 1935, S. 3 und O(lga) B(loch), Frühjahrsausstellung jüdischer Künstler im Berliner jüdischen Museum, C.-V.-Ztg. 9. 5. 1935, 2. Beiblatt

191 Vgl. die Landsberger-Biographie von Joseph Gutmann in: Franz Landsberger, A History of Jewish Art, reissued Kennikat Press, Port Washington N. Y./London 1973

192 5. Beiblatt (Berliner Blatt der C.-V.-Ztg.)

193 Rachel Wischnitzer, From my Archives, Journal of Jewish Art, 6, Chicago, 1979, S. 10 f. Übrigens erwähnt Wischnitzer auch, daß sie 1927 ins Komitee der Kunstsammlung gewählt worden sei (ebenda, S. 10). Über die Wirksamkeit dieses Gremiums konnten wir bisher nichts in Erfahrung bringen.

194 Franz Landsberger, Gibt es eine Eigenart in der jüdischen Kunst? Mitteilungen der Jüdischen Reformgemeinde zu Berlin, 1936, Nr. 7, S. 70 ff. Die Arbeit ist nicht verzeichnet in L. A. Mayer, Bibliography of Jewish Art (ed. Otto Kurz), Jerusalem 1979 und erscheint auch nicht bei Joseph Gutmann, Bibliography of Franz Landsberger on Jewish Art, in: Landsberger, A History of Jewish Art, a. a. O. (vgl. Anm. 191)

195 Franz Landsberger, Gibt es eine Eigenart in der jüdischen Kunst? a. a. O. (vgl. Anm. 194), S. 71

196 Franz Landsberger, Einführung in die jüdische Kunst, Berlin 1935, Vorwort

197 Ebenda

198 Ebenda

199 Ebenda, S. 58

200 Ebenda

201 Hiro, Jüdisches Museum unter neuer Leitung. Professor Dr. Franz Landsberger über seine Pläne, C.-V.-Ztg. 6. 6. 1935, 2. Beiblatt (Berliner Blatt der C.-V.-Ztg.)

202 Ebenda

203 Ebenda

204 Ebenda

205 Ebenda

206 Ebenda

207 Ebenda

208 Ebenda

209 Ebenda

210 Vgl. Kurt Julius Riegner, Bücher gehen auf Reisen, C.-V.-Ztg. 9. Mai 1935, 1. Beiblatt

211 Vgl. Max P. Birnbaum, Staat und Synagoge 1918–1938, Tübingen 1981, S. 235 f.

212 Hermann Simon, Jüdische Exlibris, Marginalien, Zeitschrift für Buchkunst und Bibliophilie Heft 101, Berlin 1986, S. 60 ff.

213 Vgl. Franz Landsberger und Rahel Wischnitzer-Bernstein, Neuerwerbungen des Jüdischen Museums (1. Rings um Max Liebermann, 2. Denkmäler aus alter Zeit) Gmbl. 23. 6. 1935, S. 3 f.

214 Vgl. O(lga) B(loch), Kleine Bildergalerie, C.-V.-Ztg. 2. Juli 1936, 3. Beiblatt; Dies., Zu den Neuerwerbungen des Berliner Jüdischen Museums, C.-V.-Ztg. 21. 1. 1937, 2. Beiblatt,
und Max Osborn, Neuerwerbungen des Jüdischen Museums, Gmbl. 24. 1. 1937, S. 5

215 Gmbl. 27. 10. 1935, S. 5

216 Vgl. Rahel Wischnitzer-Bernstein, Jemenitischer Schmuck in der Ausstellung des Jüdischen Museums, Gmbl. 15. 12. 1935, S. 4

217 Vgl. M(ax) O(sborn), Altjüdische Kultgeräte. Ausstellung im Jüdischen Museum, Gmbl. 22. 12. 1935, S. 10;
Olga Bloch, Ausstellungen im Berliner Jüdischen Museum, C.-V.-Ztg. 19. 12. 1935, 7. Beiblatt

218 Vgl. M(ax) O(sborn), Pottner-Ausstellung im Jüdischen Museum, Gmbl. 27. Oktober 1935, S. 6;
O(lga) B(loch), Berliner Kunstausstellungen: Emil Pottner – E. M. Lilien, C.-V.-Ztg. 26. 9. 1935, 6. Beiblatt

219 Ekkehard Hieronimus, Der Grafiker E. M. Lilien (1874–1925), Arbeitsberichte aus dem Städtischen Museum Braunschweig, 25, Braunschweig 1974

220 E. M. Lilien, Sein Werk. Mit einer Einleitung versehen von Stefan Zweig, Berlin und Leipzig 1903

221 Edgar Alfred Regener, E. M. Lilien. Ein Beitrag zur Geschichte der zeichnenden Künste, Goslar 1905 und Lothar Brieger, E. M. Lilien, Eine künstlerische Entwicklung um die Jahrhundertwende, Berlin–Wien 1922

222 Stefan Zweig, Die Welt von gestern. Erinnerungen eines Europäers, Frankfurt/M. und Hamburg 1970, S. 93 f.

223 Franz Landsberger, Unser Museum. Rückblick auf 1935, Gmbl. 5. 1. 1936, S. 18

224 Ebenda

225 I(smar) Elbogen, Zum Geleit, Jahrbuch für jüdische Geschichte und Literatur, 30, 1936, Berlin 1937, S. 8
Bei der zitierten Bibelstelle handelt es sich um 5. Buch Mosis, 30, 19.

226 Briefliche Mitteilung von Frau Dr. Irmgard Schüler vom 10. 10. 1982 an den Verfasser

227 Vgl. M(ax) O(sborn), Jüdische Künstler stellen aus: Henry Happ, Peter Fingesten, Gmbl. 26. 1. 1936, S. 5;
O(lga) B(loch), Junge Künstler werden vorgestellt, Henry Happ und Peter Fingesten, C.-V.-Ztg. 16. 1. 1936, 2. Beiblatt

228 Über ihn vgl. James J. Walters-Warschauer, The Life and Work of Malvin Warschauer, Publications of the Leo Baeck Institute, Year Book 26, London–Jerusalem–New York 1981, S. 191 ff.

229 M. Warschauer, Gedächtnisrede für Liebermann, in: Predigten an das Judentum von heute, Gehalten von Oberrabbiner Dr. Adolf Altmann u. a., Berlin 1935 (= Bücher der Erneuerung, Bd. 1), S. 98. Diese Rede ist, wie uns Warschauers Sohn, James J. Walters, mitteilte, „trotz Gestapo von einer Dame mitstenographiert worden, da die Witwe wohl vorher darum gebeten hatte, und wurde von meinem Vater nachher korrigiert". (Brief vom 21. 12. 1980 an den Verfasser)
Vgl. auch: Malwin Warschauer, Im Jüdischen Leben. Erinnerungen des Berliner Rabbiners, Berlin 1995, S. 132 ff.

230 Franz Landsberger, Max Liebermanns Werk, Gmbl. 16. 2. 1936, S. 4 (= Vorwort zum Katalog der Ausstellung)

231 Ebenda

232 Max Osborn, Die (Max-Liebermann-)Ausstellung im Jüdischen Museum, Gmbl. 16. 2. 1936, S. 4

233 Ebenda

234 Ebenda

235 Irmgard Schüler, Das Jüdische Museum. Zwanzig Jahre jüdische Kunstschau, Israelitisches Familienblatt (A) 25. 2. 1937, S. 16 a

236 Karl Escher, Max Liebermann, Der Weg Nr. 29 vom 18. 7. 1947, ohne Paginierung (S. 7)

237 Bernd Schmalhausen, „Ich bin doch nur ein Maler" – Max und Martha Liebermann im Dritten Reich, Hildesheim, Zürich, New York 1994, S. 106

238 Brief von Jutta Bohnke-Kollwitz vom 7. 11. 1996

239 Julius Rosenbaum, Gedächtisausstellung für Max Liebermann, in: Der Schild 21. 2. 1936. S. 3

240 Eine Liebermann-Ausstellung in Berlin, Neue Zürcher Zeitung [Morgenausgabe] 16. 4. 1936, S. 1

241 Zum Leben Max Fabians vgl. Franz Landsberger, Max Fabian, C.-V.-Ztg. 19. 3. 1936, 1. Beiblatt; Karl Schwarz, Dem Andenken Max Fabians, Israelitisches Familienblatt (D), 26. 3. 1936, „Jüdische Bibliothek".

Zur Ausstellung vgl. Franz Landsberger, Gedächtnis-Ausstellung Max Fabian, Zur Erinnerung an den (10.) Todestag 26. März 1926, Katalog, Berlin 1936, nicht paginiert;

M(ax) O(sborn), Max Fabian. Zur Ausstellung im Jüdischen Museum, Gmbl. 30. 9. 1936, S. 8;

Olga Bloch, Fabian-Ausstellung, C.-V.-Ztg. 24. 9. 1936, 4. Beiblatt;

Günther Ballin, Max Fabian, ein Berliner jüdischer Maler, Mitteilungen der Jüdischen Reformgemeinde zu Berlin, Nr. 9, 1936, S. 95 f.

242 Franz Landsberger, Katalog, a. a. O.

243 Günther Ballin, a. a. O. (vgl. Anm. 241), S. 95

244 Ebenda, S. 96

245 Wie uns Frau Lilo Fabian, die Tochter des Künstlers, mitteilte, handelt es sich um zwanzig Gemälde, darunter das Selbstbildnis aus dem Jahre 1922, das vorn auf dem Ausstellungskatalog abgebildet ist.

246 Vgl. Anm. 190;

M(ax) O(sborn), Frühjahrsausstellung jüdischer Künstler, Gmbl. C.-V.-Ztg. 9. 5. 1937, S. 3,

und Olga Bloch, Frühjahrs-Ausstellung Berliner jüdischer Künstler, C.-V.-Ztg. 29. 4. 1937, S. 5

247 Vgl. Ernst Michalski, Reichsausstellung jüdischer Künstler, C.-V.-Ztg. 30. 4. 1936, 1. Beiblatt;

Max Osborn, Reichsausstellung jüdischer Künstler, Gmbl. 3. 5. 1936, S. 8 f. und Franz Landsberger, Unsere Winterpläne, C.-V.-Ztg. 16. 9. 1936, 3. Beiblatt

248 Max Osborn, a. a. O., S. 8

249 Eine Kopie des überaus seltenen Kataloges verdanken wir Herrn Prof. Dr. H. Katzenstein, Jerusalem.

250 Franz Landsberger, Schafft jüdische Kunstwerke!, Gmbl. 16. 8. 1936, S. 16.

Auch in diesem Aufsatz, der fast gleichzeitig mit seinem Artikel „Gibt es eine Eigenart in der jüdischen Kunst?" erschien (vgl. Anm. 194), behauptet Landsberger eine besondere Eigenart: „Wenn es jüdische Kunst in einer besonderen Eigenart gibt, dann muß sie sich über das Thematische hinaus im seelischen Gehalt, im Strich und Kolorit offenbaren; kurz, sie muß mit dem Auge abgelesen und nicht mit dem Verstande erkannt werden." (a. a. O.)

251 Franz Landsberger, Unsere Ahnen. Was die Ausstellung will, Gmbl. 15. 11. 1936, S. 3

252 Arthur Czellitzer, „Wohl dem, der seiner Väter gern gedenkt", Aus der Eröffnungsrede, C.-V.-Ztg. 12. 11. 1936, 2. Beiblatt (Buch und Kunst)

253 Biographisches Handbuch der deutschsprachigen Emigration nach 1933, herausgegeben vom Institut für Zeitgeschichte München und der Research Foundation for Jewish Immigration, Inc., New York, unter Gesamtleitung von Werner Röder und Herbert A. Strauss, Band 1, Politik, Wirtschaft, Öffentliches Leben, München, New York, London 1980, S. 119 (Arthur Czellitzer)

254 Franz Landsberger, Unsere Winterpläne, a. a. O. (vgl. Anm. 247)

255 Ebenda

256 Albert J. Phiebig, Unsere Ahnen; Ausstellung veranstaltet vom Jüdischen Museum Berlin in Gemeinschaft mit dem Gesamtarchiv der Juden in Deutschland und der Gesellschaft für Jüdische Familien-Forschung; Katalog, Berlin 1936 (= Jüdische Familien-Forschung, Jg. 12, Heft 43)

257 Die Dokumente sind im Katalog nicht genau verzeichnet; vgl. (Jacob) Jacobson, Die Handschriften auf der Ausstellung, Gmbl. 15. 11. 1936, S. 4 f.

258 Vorspann des Kataloges, a. a. O. (vgl. Anm. 256)

259 Katalog, a. a. O., S. 12

260 Ebenda

261 Paul Mühsam, Erinnerungen, Betrachtungen, Gestalten, Jerusalem 1959, 5. Kapitel, S. 6 f.

262 Siegfried Mühsam, Geschichte des Namens Mühsam. Nach amtlichen Urkunden und mündlicher Überlieferung aufgezeichnet. Familien-Chronik, 2. Auflage Lübeck 1912. Wir danken Frau Else Levi-Mühsam, der Tochter Paul Mühsams, für eine Kopie dieser Chronik.

263 Ebenda, S. 29

264 Katalog, a. a. O. (vgl. Anm. 256), S. 6

265 Vgl. Gershom Scholem, Ahnen und Verwandte Walter Benjamins, Bulletin des Leo Baeck Instituts 61, Jerusalem-Königstein/Taunus 1982, S. 47.
Die Mutter des Nationalökonomen Dr. Eduard Meyerstein hieß „mit Mädchennamen Henriette Gebert, und nach ihr nannte Georg Hermann, der im Hause Meyerstein freundschaftlich ver-

176

kehrte, seinen berühmten Roman Jettchen Gebert" (Scholem, a. a. O.).

266 Max Osborn, Unsere Ahnen. Und was erreicht wurde, Gmbl., 15. 11. 1936, S. 4.
Neben dem Bild von Lesser zeigte die Ausstellung ein Porträt von C. A. Neo, ebenfalls Sekretär der Gesellschaft der Freunde. Auch dieses Bild gehörte einst zum Bestand der Sammlung der Gesellschaft.

267 Verwaltungsbericht des Vorstandes der Jüdischen Gemeinde zu Berlin für das Jahr 1937 (Erstattet vom Vorsitzenden des Gemeindevorstandes in der Sitzung der Repräsentantenversammlung vom 20. 12. 1937), Druck: M. Lessmann, Berlin–Hamburg, S. 11

268 Rachel Wischnitzer, From my Archives, a. a. O. (vgl. Anm. 193), S. 11

269 Olga Bloch, Das jüdische Plakat. Zur Ausstellung des Berliner Gemeinde-Museums, C.-V.-Ztg. 4. 3. 1937, 2. Beiblatt

270 Vgl. O(lga) B(loch), Dr. Hans Sachs: Die Kunst des Plakats, C.-V.-Ztg. 30. 1. 36, 5. Beiblatt

271 Archiv John F. Oppenheimer, Jüdisches Museum Berlin

272 Ebenda

273 Brief des Preußischen Landesverbandes vom 25. 1. 1937, Gmbl. 7. 2. 1937, S. 9

274 Verschiedene Schreibungen des Namens sind seit Jahrhunderten belegt.

275 Vgl. z. B. Abraham Heschel, Staatsmann und Theologe, Gmbl. 7. 2. 1937, S. 9,
und Ismar Elbogen, Don Isaak Abravanel, Gmbl. 7. 2. 1937, S. 8

276 Eine Karte mit einer Abbildung der Medaille war dem Ausstellungskatalog beigegeben (Gmbl. 20. 6. 1937, S. 3). Diese Karte ließ sich bisher nicht auffinden.

277 Jüdisches Gemeindeblatt für das Gebiet der Hansestadt Hamburg 16. 7. 1937, S. 2; eine Abbildung bietet Gmbl. 7. 2. 1937, S. 8

278 Die erste Abravanel-Medaille verliehen, Gmbl. 7. 2. 1937, S. 9

279 Olga Bloch, Abrabanel-Ausstellung in Berlin, C.-V.-Ztg. 17. 6. 1937, S. 8

280 Irmgard Schüler, Gmbl. 20. 6. 1937, S. 3; vgl. auch Max P. Birnbaum, a. a. O. (vgl. Anm. 211), S. 237

281 Rahel Wischnitzer-Bernstein und Josef Fried, Gedenkausstellung Don Jizchaq Abrabanel, seine Welt, sein Werk; Katalog, Berlin 1937, Geleitwort von Alfred Klee, S. 1

282 Rahel Wischnitzer-Bernstein, ebenda, S. 2

283 Rahel Wischnitzer-Bernstein, Die Welt der Abrabanel, Gmbl. 20. 6. 1937, S. 3

284 J. Kastan, Berliner Erinnerungen (Aus der Mitte des 19. Jahrhunderts), Jahrbuch für jüdische Geschichte und Literatur, 27, Berlin 1926, S. 124

285 Jeannette Schwerin zum Gedächtnis, herausgegeben von Helene Lange, Berlin 1899, Katalog, a. a. O. (vgl. Anm. 281), Nr. 47, S. 7; vgl. auch Marie Simon, Von der italienischen Renaissance zur deutschen Frauenbewegung, in: Sprache und Literatur der Romania (Festschrift Heintze), Berlin 1993, S. 288 ff.

286 Rahel Wischnitzer-Bernstein, Um die Abravanel-Ausstellung in Berlin, Jüdisches Gemeindeblatt für das Gebiet der Hansestadt Hamburg, 16. 7. 1937, S. 2

287 Ebenda

288 Ebenda

289 Rahel Wischnitzer-Bernstein, Die Welt der Abrabanel, a. a. O. (vgl. Anm. 283)

290 M(ax) O(sborn), Jüdisches Museum stellt Abrabanel aus, Gmbl. 13. 6. 1937, S. 3

291 (Max Osbo)rn, Akiba-Eger-Ausstellung eröffnet, Gmbl. 5. 12. 1937, S. 3

292 Vgl. z. B. Jakob Freimann, Rabbi Akiba Eger, Gmbl. 19. 9. 1937, S. 3 und Isaak Markon, Rabbi Akiba Eger, C.-V.-Ztg. 17. 9. 1937, S. 11

293 Max Osborn, Akiba-Eger-Ausstellung eröffnet, a. a. O. (vgl. Anm. 291)

294 Das Geburtsdatum geht aus einem Torawickel hervor, den die Eltern zu seiner Geburt gestiftet hatten. Der Text ist von L. Wreschner (Nachträge und Berichtigungen zu R. Akiba Egers Leben und Wirken, Jahrbuch der Jüdisch-Literarischen Gesellschaft, 3, Frankfurt/M. 1905, S. 12) publiziert worden. Damit sind alle anderen in der Literatur angegebenen Geburtsdaten als falsch erwiesen.

295 Nach Freimann, Rabbi Akiba Eger, a. a. O. (vgl. Anm. 292)

296 Vgl. Ebenda; der Grabstein ist dort abgebildet.

297 Vgl. Arthur Posner, Die „Vereinigung der Familie Eger", Mitteilungen der Gesellschaft für Jüdische Familien-Forschung 14, 1938, S. 929 ff.

298 Olga Bloch, Rabbi Akiba Eger-Gedenk-Ausstellung, C.-V.-Ztg. 2. 12. 1937, 3. Beiblatt (Buch und Kunst), S. 11

299 Anna Simonsohn, Die neueste Literatur über Rabbi Akiba Eger, Gmbl. 5. 12. 1937, S. 3

300 Olga Bloch, a. a. O. (vgl. Anm. 298)

301 Max Osborn, Akiba-Eger-Ausstellung eröffnet, a. a. O. (vgl. Anm. 291)

302 Ebenda

303 Vgl. Rahel Wischnitzer-Bernstein und Eugen Pessen, Akiba Eger Ausstellung; Katalog, Berlin Chanukka 1937

304 Nach Angaben des Kataloges, a. a. O., Nr. 92, S. 16, handelt es sich nicht um den gefeierten Gaon, sondern um seinen gleichnamigen Vetter, Rabbiner in Halberstadt.

305 Olga Bloch, Rabbi Akiba Eger-Gedenk-Ausstellung, a. a. O. (vgl. Anm. 298), S. 12

306 Das Foto wurde dem Verfasser von einem Angehörigen der Familie Eger zugesandt.

307 Katalog a. a. O. (vgl. Anm. 303), Nr. 88, S. 15

308 Arthur Kronthal, Jüdische Bildnis-Maler der Posener Biedermeierzeit, Jahrbuch für Jüdische Geschichte und Literatur, 30, 1936, Berlin 1937, S. 215, Anm. 9

309 Vgl. Katalog, a. a. O. (vgl. Anm. 303), Nr. 46, S. 10

310 Arthur Kronthal, Werke der Posener bildenden Kunst. 2. Der Marktplatz in Posen, Gemälde von Julius Knorr, Berlin und Leipzig 1921, S. 31–45

311 Zeitung für das Großherzogtum Posen Nr. 232, 1838; nach Kronthal, a. a. O., S. 31 f.

312 Vgl. ebenda, S. 31

313 A. Kronthal, Werke der Posener bildenden Kunst, a. a. O. (vgl. Anm. 310), S. 32

314 Ebenda, S. 28, Anm. 1

315 Ebenda, S. 34

316 Ebenda

317 Ebenda, S. 41

318 Katalog, a. a. O. (vgl. Anm. 303), Nr. 47, S. 10

319 Vgl. ebenda und L. Wreschner, Rabbi Akiba Egers Leben und Wirken, Jahrbuch der Jüdisch-Literarischen Gesellschaft, 3, Frankfurt/M. 1905, S. 14, Anm. 43

320 Vgl. Wreschner, a. a. O., S. 19 f. und dessen Anm. 60

321 Ebenda, S. 41, Anm. 131

322 Das Verzeichnis ist auch abgedruckt bei: A. Heppner und J. Herzberg, Aus Vergangenheit und Gegenwart der Juden und der jüdischen Gemeinden in den Posener Landen, Koschmin–Breslau 1909–1929, S. 839–845

323 Ludwig von Rönne und Heinrich Simon, Die früheren und gegenwärtigen Verhältnisse der Juden in den sämtlichen Landes-

teilen des preußischen Staates; eine Darstellung und Revision der gesetzlichen Bestimmungen über ihre staats- und privatrechtlichen Zustände, Breslau 1843, S. 296 und 300

324 Vgl. Katalog a. a. O. (vgl. Anm. 303), Nr. 63, 88 und 124b–124d

325 richtig: Theophilia

326 Verwaltungsbericht des Vorstandes der Jüdischen Gemeinde zu Berlin für das Jahr 1937, a. a. O. (vgl. Anm. 267), S. 12

327 Ebenda

328 Vgl. Max Osborn, Neue Ausstellung: 100 Jahre jüdische Kunst, Gmbl. 19. 12. 1937, S. 3; Olga Bloch, Hundert Jahre Jüdische Kunst aus Berliner Besitz. Eröffnung der Ausstellung im Berliner Jüdischen Museum, C.-V.-Ztg. 16. 12. 1937, S. 13

329 Franz Landsberger, Unsere Winterpläne, a. a. O. (vgl. Anm. 247)

330 Ebenda

331 Hundert Jahre jüdische Kunst aus Berliner Besitz; Katalog, Berlin 1937, Vorwort von Franz Landsberger (S. 3)

332 Olga Bloch, Hundert Jahre Jüdische Kunst, a. a. O. (vgl. Anm. 328)

333 C.-V.-Ztg. 16. 12. 1937, S. 13

334 Verwaltungsbericht des Vorstandes der Jüdischen Gemeinde zu Berlin für das Jahr 1937, a. a. O. (vgl. Anm. 267), S. 12

335 Rahel Wischnitzer-Bernstein, a. a. O. (vgl. Anm. 49); Irmgard Schüler, a. a. O. (vgl. Anm. 235); Max Osborn, Neuerwerbungen des Jüdischen Museums, Gmbl. 24. 1. 1937, S. 5; Moritz Stern, a. a. O. (vgl. Anm. 27)

336 Verwaltungsbericht, a. a. O. (vgl. Anm. 267), S. 12

337 Ebenda

338 Max Osborn, Neuerwerbungen des Jüdischen Museums, a. a. O. (vgl. Anm. 335)

339 Franz Landsberger, Das Jüdische Museum zeigt: Zwei neue Erwerbungen, Gmbl. 24. 10. 1937, S. 3

340 Max Osborn, Neuerwerbungen, a. a. O. (vgl. Anm. 335)

341 Ebenda

342 Ebenda

343 Georg Hermann, Max Fabian, Ost und West 4, 1904, Sp. 373 ff.

344 Jüdisches Lexikon, Band 2, Berlin 1928, Sp. 575

345 Vgl. O(lga) B(loch), Ernst und Alexander Oppler, C.-V.-Ztg. 7. 10. 1937, S. 8 (2. Beiblatt)

346 Verwaltungsbericht, a. a. O. (vgl. Anm. 267), S. 12

347 Max Osborn, Neuerwerbungen, a. a. O. (vgl. Anm. 335)

348 Moritz Stern, Ein unbekanntes Porträt Moses Mendelssohns, Gmbl. 29. 8. 1937, S. 3

Vgl. auch Gisbert Porstmann, Moses Mendelsohn. Porträts und Bilddokumente, in: M. Mendelssohn Gesammelte Schriften, Jubiläumsausgabe Band 24, Stuttgart–Bad Cannstatt 1997. Porstmann hält Sterns Zuschreibung zum Œuvre von Adrian Zingg für „unsicher". (S. 31)

349 Franz Landsberger, Sabbat-Nachmittag. Eine wichtige Neuerwerbung unseres Museums, Gmbl. 8. 8. 1937, S. 3

350 Vgl. Hermann Simon, Die ersten Juden als deutsche Soldaten im Bild des ersten jüdischen Malers der Emanzipationszeit – Moritz Daniel Oppenheims Gemälde: „Heimkehr eines jüdischen Freiwilligen aus dem Befreiungskriege zu den nach alter Sitte lebenden Seinen", in: Memoiren des Freiwilligen Jägers Löser Cohen, Berlin 1993, S. 109 ff.
Siehe auch: Norman Kleeblatt, Abschied und Heimkehr – Quellen im Kontext zu Oppenheims Meisterwerk *Die Heimkehr des Freiwilligen,* in: Katalog Moritz Daniel Oppenheim, a. a. O. S. 113 ff. (vgl. Anm. 91)

351 Die „Mehrzahl von ihnen gehört Herrn Sally Cramer in Hamburg". (Landsberger, vgl. Anm. 349)

352 Alfred Werner, Pictures of Traditional Jewish Famliy Life by Moritz Daniel Oppenheim, New York 1976, S. 20

353 Vgl. Hermann Simon, Moritz Daniel Oppenheim und das Berliner Jüdische Museum. Ein Beitrag zum 100. Todestag des Malers, Nachrichtenblatt des Verbandes der Jüdischen Gemeinden in der DDR, Dresden, März 1982, S. 4 ff.

354 Vgl. Moritz Stern, Aus dem Berliner Jüdischen Museum, a. a. O. (vgl. Anm. 27), Vorwort

355 Vgl. Katalog „Unsere Ahnen", a. a. O. (vgl. Anm. 256), S. 12 und 14

356 Philo-Lexikon, Handbuch des Jüdischen Wissens, Berlin 1935, Sp. 505

357 Die Daten sind dem Grabstein entnommen, der sich auf dem Jüdischen Friedhof Schönhauser Allee, Berlin, befindet.

358 Vgl. Gustav Seeber, Eduard Lasker, in: Gestalten der Bismarckzeit, herausgegeben von G. Seeber, Berlin 1978, S. 159

359 Vgl. Anm. 68

360 Brief an den Verfasser vom 6. 11. 1981

361 C.-V.-Ztg. 24. 3. 1938, S. 14 (4. Beiblatt)

362 Vgl. Max Osborn, Aus kleinen jüdischen Gemeinden, Gmbl. 8. 5. 1938, S. 7; Olga Bloch, Kunstgegenstände aus jüdischen Kleingemeinden. Zu einer Ausstellung im Berliner Jüdischen Museum, C.-V.-Ztg. 28. 4. 1938, S. 13 (4. Beiblatt)

363 Max Osborn, Aus kleinen jüdischen Gemeinden, a. a. O.

364 Ebenda

365 Ebenda

366 Ebenda

367 Ebenda

368 Ebenda

369 Vgl. Neuordnung im Jüdischen Museum, C.-V.-Ztg. 1. 10. 1936, 2. Beiblatt

370 O(lga) B(loch), Neuordnung im Berliner Jüdischen Museum, C.-V.-Ztg. 24. 3. 1938, S. 14 (4. Beiblatt)

371 Landsberger sprach zu dem Thema „Jüdisches Kultgerät in stilgeschichtlicher Betrachtung"; vgl. M(ax) O(sborn), Abschieds-Abend für Rahel Wischnitzer, Gmbl. 10. 4. 1938, S. 4

372 Ebenda

373 Vgl. Ausstellungen im Jüdischen Museum, Israelitisches Familienblatt (A) 13. 10. 1938, S. 7

374 Gmbl. 30. 10. 1938, S. 5

375 C.-V.-Ztg. 3. 11. 1938, S. 20

376 Vgl. Gmbl. 6. 11. 1938, S. 10

377 Franz Landsberger, Schenkungen an das Jüdische Museum, Gmbl. 6. 11. 1938, S. 4

378 Ebenda

379 Joseph Gutmann, Franz Landsberger, a. a. O. (vgl. Anm. 191)

380 Brief von Dorothy Landsberger (6. 1. 1970) an Dr. Muehsam, Leo Baeck Institute, Archiv des LBI AR 2318/18

381 Vgl. den Bericht von Erich Liepmann, bis zum Novemberpogrom Geschäftsführer der „Jüdischen Rundschau", in: Kurt Jakob Ball-Kaduri, Vor der Katastrophe. Juden in Deutschland 1934–1938, Tel-Aviv 1967, S. 204 f.

382 Jüdisches Nachrichtenblatt 9. 1. 1940, S. 3

383 Cecil Roth, Opening Address; Conference on Restoration of Continental Jewish Museums, Libraries and Archives, London, 11. 4. 1943, S. 1

384 Haim Mass, Das Gemälde, Neueste Nachrichten, Jedioth Chadashoth, Tel-Aviv 3. 12. 1965

385 Alexander Szanto, Im Dienste der Gemeinde 1923–1939, Leo Baeck Institute New York, Memoirensammlung M. E. 838 (London 1968), S. 229 f.

386 Franz Landsberger, Ein wiedergefundener Schatz; Die Bilder des Berliner Jüdischen Museums gerettet, Aufbau, New York 27. 12. 1946, S. 19

387 Ebenda

388 Brief von Dr. Franz Landsberger, Cincinnati, an Herrn Hamburger, Berlin, vom 7. 12. 1945

389 Brief von Rabbiner Wolfgang Hamburger, Saint Joseph, Missouri, vom 1. 10. 1982 an den Verfasser

390 Brief von Dr. Ernst Grumach, Berlin, an Prof. Dr. Franz Landsberger, Cincinnati, vom 20. 2. 1946, S. 1

391 Ebenda

392 Vgl. Anm. 386

393 Ebenda

394 Brief von Vera Bendt, Berlin Museum, an den Verfasser vom 5. 6. 1990

395 Landesarchiv Berlin Rep. 10: Senator für Wirtschaft Acc. 599, Nr. 272; „Rückerstattungsbeschluß in Sachen Jewish Restitution Successor Organization Berlin Office, Berlin-Dahlem, Fontanestraße 16 gegen Deutsches Reich und Berlin, betreffend Rückerstattung von Bildern und Kunstgegenständen des früheren Jüdischen Museums, die im Eigentum der Jüdischen Gemeinde gestanden haben. 1952–1953". Ich danke Sigurd Schmidt, Landesarchiv Berlin, der mich auf diese Akte aufmerksam gemacht hat.

396 M(oshe) Kaniuk, Museum Tel Aviv an Dr. Hans Erich Fabian, Vorsitzender der Jüdischen Gemeinde Berlin, 16. 5. 1949. Die Kopie wurde mir freundlicherweise von Frau Dorit Yifat vom Tel Aviv Museum Oktober 1982 zur Verfügung gestellt, ebenso die beiden folgenden Briefe.

397 Moshe Kaniuk an Schoschana Rosenberg-Elbogen (Jewish Agency for Palestine, Berlin) 6. 5. 1949

398 Moshe Kaniuk an A. Levin-Epstein (Tel Aviv) 18. 8. 49

399 Vgl. Anm. 339

400 Brief Grumachs an Landsberger, a. a. O. (vgl. Anm. 390). Zu dem Liebermann-Selbstporträt siehe auch die Bemerkungen in der Einleitung

401 Ebenda

402 Ebenda

403 Ebenda

404 Ebenda

405 Ebenda, S. 2

406 Mitteilung von Frau Dr. H. Wilson (vgl. Anm. 360)

407 Vgl. C. I. Kapralik, Reclaiming the Nazi Loot. A. History of the Work of the Jewish Trust Corporation for Germany, London 1962, S. 111

408 Gutmann teilt dazu in der Landsberger-Biographie, a. a. O. (vgl. Anm. 191) mit: Landsbergers „friendship with Leo Baeck was

Anm. 191) mit: Landsbergers „friendship with Leo Baeck was instrumental in his procuring for the Hebrew Union College Museum some of the fine paintings... which had belonged to the Berlin Jewish Museum."

409 Brief von Dr. G. Weis, Director Plans and Operations Board, Jewish Restitution Successor Organization, Regional Office Berlin, vom 17. 2. 1954 an das Jewish Museum at the Hebrew Union College

410 Haim Mass, a. a. O. (vgl. Anm. 384)

411 Vgl. Jerusalem Post, 1. 12. 1965; Heino Eggers, Odyssee eines Bildes. Zweimal behielt „Der Prophet" recht, in: Telegraf, Berlin, 14. 11. 1965

412 Brief von Dorit Yifat, The Tel Aviv Museum vom 21. 10. 1982

413 Briefe von Arnold Zadikow an Karl Schwarz aus Malakoff (Paris) vom 15. 4. 1935, 19. 11. 1935, 29. 6. 1937, 15. 7. 1937 und aus Prag vom 21. 4. 1939 sowie vom 7. 6. 1939. Die jeweiligen Antworten von Schwarz haben sich leider nicht erhalten. Marianne May geb. Zadikow (Pine Bush NY, USA) kann sich nicht erinnern, wie und durch wen die Briefe ihres Vaters nach der Befreiung wieder in den Besitz ihrer Familie gelangt sind. (Telefongespräch mit Marianne May am 14. 2. 2000)

414 Vgl. Anmerkung 79

415 Sie wandern..., Ost und West 4, 1904, Sp. 553–562

416 Franz Landsberger, Sie wandern. Zu Samuel Hirszenbergs 30. Todestage, Gmbl. 18. 9. 1938, S. 5

417 Brief von Ernest Guenther Fontheim vom 12./18. März 1983 an den Verfasser

Bildnachweis

Titelfoto Archiv der Stiftung „Neue Synagoge Berlin – Centrum Judaicum"
Rücktitel Bildarchiv Abraham Pisarek

Farbaufnahmen
Archiv Centrum Judaicum, Foto: Margit Billeb: *Farb. 1 bis 3*
Sammlung Autor: *Farb. 4*

S/W-Aufnahmen
Sammlung Autor: *1; 2* (Repro aus: J. Stern: Moritz Stern, Bibliographie seiner Schriften und Aufsätze, Jerusalem 1939); *3* (mit freundlicher Genehmigung der Familie Schwarz); *5; 8; 9 a und 9 b* (mit freundlicher Genehmigung der Staatlichen Museen zu Berlin – SPK, Zentralarchiv); *10* (Repro aus: Etty Hirschfeld, Die Altersheime und Hospitale der Jüdischen Gemeinde zu Berlin, 1935); *11; 14; 16; 19* (Repro aus: „Aus alter und neuer Zeit", Beilage zum Israelitischen Familienblatt 3/1933); *20; 21; 23; 24 bis 28* (Repro aus Gmbl. 9. 2. 34, S. 2); *29 bis 33* (Repro aus: C.-V.-Ztg. vom 11.1. 34); *34* (Repro aus: E. A. Regener, E. M. Lilien, Goslar 1905); *36; 37* (Repro aus: Philo-Lexikon; Berlin 1935); *38; 39* (Repro aus: A. Kronthal; Werke der Posener bildenden Kunst; Berlin und Leipzig 1921); *40* (Repro aus: Philo-Lexikon); *41* (mit freundlicher Genehmigung von Frau Dr. H. Wilson geb. Friedeberg); *42* (Repro aus: Gmbl. 16./17. 4. 38, S. 4); *43* (Repro aus: Gmbl. 6. 11. 38, S. 4); *45; 46* (mit freundlicher Genehmigung von Frau Dr. Renate Grumach);

Archiv Centrum Judaicum, Repro Margit Billeb: *4; 6; 7; 12; 13; 15; 17; 18; 22; 35; 44*

Reihe Jüdische Memoiren
Herausgegeben von Hermann Simon

In einer Zeit, in der sich die Geschichtswissenschaft aus postmodernen Selbstzweifeln neu zu definieren sucht, in der gefragt wird, ob das Schreiben der Geschichte tatsächlich von den vorhandenen oder zu entdeckenden Quellen geleitet ist oder nur von der Wahl des literarischen Genres, in der selbst sehr ernstzunehmende Historiker die Anfrage erlauben müssen, ob sie nicht im Grunde Schriftsteller seien, die fiktionale Texte hervorbringen, statt Wissenschaftler, die (historische) Wahrheiten zutage fördern – in dieser Zeit der allgemeinen Beliebigkeit kann eine neue Biographienreihe in einem neuen Verlag eine willkommene Chance bedeuten.

Die Reihe »Jüdische Memoiren« will selbsterzähltes Leben der Aufmerksamkeit eines interessierten Lesepublikums anbieten. Wir gehen davon aus, daß auch in den nächsten Jahren und im nächsten Jahrhundert noch eifrig und auf herkömmliche Weise gelesen wird.

Den bereits vorliegenden Bänden, der Lebenserinnerungen des »Judenmajors« Meno Burg und Jacob Teitels Memoiren »Aus meiner Lebensarbeit«, schließen sich weitere Selbstzeugnisse jüdischer Autoren an:

Verlag Hentrich & Hentrich

Reihe Jüdische Memoiren
Herausgegeben von Hermann Simon

Band 1:

Meno Burg Geschichte meines Dienstlebens
Erinnerungen eines jüdischen Majors der preußischen Armee
Erweiterter Neudruck der Ausgabe von 1916

240 Seiten, 18 Abbildungen, Festeinband mit Schutzumschlag
ISBN 3-933471-00-1 · DM 36,80

Burgs »Geschichte meines Dienstlebens« ist nach den mörderischen Konsequenzen des deutschen Antisemitismus durch die Nazis wie ein Bericht aus besseren Zeiten. Seit der Aufnahme der Hugenotten in Brandenburg waren Toleranz und die Bereitschaft, mit Menschen verschiedener Konfessionen zusammenzuleben, ein Kennzeichen Preußens.
Der Tagesspiegel

Dieser außergewöhnliche Mann sollte als einziger Stabsoffizier Preußens, der zugleich praktizierendes Mitglied der jüdischen Gemeinde war, in Berlin stattbekannt, ja regelrecht populär werden. Unmittelbar nach seinem Tod wurde seine »Geschichte meines Dienstlebens« veröffentlicht; jetzt ist sie neu aufgelegt worden. Burg wollte in dieser Niederschrift Juden der jüngeren Generation durch sein eigenes Beispiel ermutigen, sich mit Engagement und Gottvertrauen an eine Karriere im Staats- oder Militärdienst zu wagen; ein Vor-Bild, das freilich höher hing, als er selbst glauben wollte.
Frankfurter Allgemeine Zeitung

Band 2:

Jacob Teitel Aus meiner Lebensarbeit
Erinnerungen eines jüdischen Richters im alten Rußland
Mit einem Vorwort von Simon Dubnow und einer Charakteristik
von Maxim Gorki; neu hrsg. mit einem Essay von Ludger Heid

344 Seiten, 18 Abbildungen, Festeinband mit Schutzumschlag
ISBN 3-933471-03-6 · DM 36,80

Auch Heids ausführliche Anmerkungen erfüllen den hohen Anspruch der bibliophilen Neuausgabe. Darüber hinaus sind Teitels Memoiren trotz trauriger Eckdaten eine vergnügliche Lektüre. Der altersweise Bericht des Menschenfreundes ist alles andere als lamoryant, sondern steckt voller spannender Geschichten und versöhnlicher Anekdoten aus dem alten Rußland und dem Westeuropa der Zehner und Zwanziger Jahre.
Der Tagesspiegel

Wo es um ethische und humanitäre Überzeugungen ging, zeigte sich Jacob Teitel zeitlebens unbeugsam. Diese Sturheit brachte ihn freilich häufig in Opposition zur juristischen Obrigkeit, die Abweichler in den eigenen Reihen unbarmherzig auszuradieren suchte. Wie solche Ausschaltmanöver aussahen, hat Teitel in seinen Memoiren »Aus meiner Lebensarbeit« (1929) überliefert, die – neu aufgelegt und von Ludger Heid sachkundig kommentiert – ein bewegendes Zeugnis vom jüdischen Leben im alten Rußland ablegen.
Frankfurter Allgemeine Zeitung

Verlag Hentrich & Hentrich

Reihe Jüdische Memoiren
Herausgegeben von Hermann Simon

Sonderband:

Fräulein Rabbiner Jonas
Kann die Frau das rabbinische Amt bekleiden?
Eine Streitschrift von Regina Jonas
ediert, kommentiert, eingeleitet von Elisa Klapheck
Mit einem Vorwort von Hermann Simon
2. korrigierte Auflage 2000
328 Seiten, 31 Abbildungen, Festeinband
ISBN 3-933471-17-6 · DM 39,80

Klapheck entwirft das vielschichtige Bild einer außergewöhnlichen Frau, die im wahren Leben nicht im mindesten so steif war, wie ihre Streitschrift dies vermuten läßt. Entstanden ist eine dichte Fallstudie des religiösen jüdischen Berlins der Goldenen Zwanziger Jahre, die in diesem Umfeld eher weniger golden waren.
Nur selten bricht in dem äußerst seriös recherchierten Werk da und dort die Befriedigung durch, die Elisa Klapheck erfüllt haben muß: Fett gedruckte Aussagen zeigen an, wo die Autorin jeden Zweifel an der Ordination von Regina Jonas in Grund und Boden tritt. Schließlich haben einige ihrer Zeitzeugen behauptet, daß sie sich vor allem deshalb an Regina Jonas erinnern, weil sie eben keine Rabbinerin war. Derartige Zweifel dürften wohl endgültig behoben sein: Elisa Klapheck konnte die von keinem Geringeren als Leo Baeck unterschriebene Bestätigung beibringen, daß Regina Jonas tatsächlich Rabbinerin war. Weiterhin hat sich die Herausgeberin die Mühe gemacht, die Streitschrift lesbar zu machen. Ein Judaistikstudium ist dabei dank Elisa Klapheck ebensowenig eine Voraussetzung wie Kenntnisse in Aramäisch und Hebräisch.
Das Buch ist ein fortwirkendes Gemisch aus Intelligenz, Bildung und virtuosem Umgang mit den Quellen. Ein ganz besonderer Zündstoff für das Feuer des 200 Jahre alten innerjüdischen Kulturkampfes. Ein Öl, das Regina Jonas bereitgestellt hat – und das Elisa Klapheck nach 69 Jahren endlich ausgießt. Aufbau, New York

Beim Lesen ihres Werkes lernt man Jonas als begeisterte, mutige und zugleich auch strenge, akribische und an den Traditionen festhaltende Fachfrau kennen. Sachlich und kompetent erörtert sie eine Frage, die zuvor noch nie explizit thematisiert worden ist. Sie orientiert sich dabei an den Bedürfnissen der Moderne, tritt aber dennoch nicht als eigentliche Kämpferin für die Sache der Frau auf – und wird sich auch später, als Rabbinerin, teilweise an die traditionellen Bräuche halten, obwohl sie in ihrer halachischen Arbeit mögliche Alternativen aufgezeigt hat. Am Ende ihrer 95 Seiten umfassenden Untersuchung zieht Regina Jonas Bilanz: »Außer Vorurteil und Ungewöhntsein steht halachisch fast nichts dem Bekleiden des rabbinischen Amtens seitens der Frau entgegen.« Neue Zürcher Zeitung

Verlag Hentrich & Hentrich GbR
Ganzer Straße 10 · 16866 Teetz
Tel.: 03 39 76 / 5 05 49 · Fax: 03 39 76 / 5 04 60